ANATOLE LE BRAZ

AU
Pays des Pardons

RENNES
H. CAILLIÈRE, ÉDITEUR
2, PLACE DU PALAIS, 2

PARIS
A. LEMERRE, ÉDITEUR
23-31, PASSAGE CHOISEUL, 23-31

1894

AU PAYS DES PARDONS

ANATOLE LE BRAZ

AU
Pays des Pardons

RENNES
H. CAILLIÈRE, ÉDITEUR
2, PLACE DU PALAIS, 2

PARIS
A. LEMERRE, ÉDITEUR
23-31, PASSAGE CHOISEUL, 23-31

1894

*A la mémoire vénérée
de ma mère.*

Saint-Yves

LE PARDON DES PAUVRES.

A M. James Darmesteter.

AVANT-PROPOS

Je n'ai pas à apprendre au lecteur que ce Pays des Pardons où je voudrais le conduire, c'est la Bretagne, j'entends la Bretagne bretonnante ou — s'il faut un terme encore plus spécial — l'Armorique. Il ne serait pas moins superflu, je pense, de dire en quoi consiste un *Pardon*. Tout le monde en a vu. On ne voyage pas une semaine en Bretagne, durant la belle saison, sans tomber à l'improviste au milieu d'une de ces fêtes locales. Elles ne présentent, du reste, aperçues ainsi au passage, qu'un intérêt assez médiocre.

C'est le plus souvent aux alentours d'une vieille chapelle qui ne se distingue guère que par son clocher des masures du voisinage, tantôt au creux d'un ravin boisé, tantôt au sommet d'une lande stérile, balayée du vent. Il y a là des gens endimanchés qui vont et viennent, d'une allure mono-

tone, les bras ballants ou croisés sur la poitrine, sans
enthousiasme, sans gaîté. D'autres, attablés dans quelque
auberge, crient très fort, mais plutôt, semble-t-il, par acquit
de conscience que par conviction. Les mendiants pullulent,
sordides, couverts de vermine et d'ulcères, lamentables et
répugnants. Dans l'enclos du cimetière bossué de tombes
herbeuses, véritable « champ des morts », un aveugle adossé
au tronc d'un if glapit, en une langue barbare, une mélopée
dolente, si triste qu'on la prendrait pour une plainte. Les
jeunes couples qui se promènent, et qui sont censés deviser
d'amour, échangent à peine cinq paroles, se lutinent gauche-
ment, avec des gestes contraints. Un de mes amis, après
avoir assisté au Pardon de la Clarté, en Perros, formulait
son impression en ces termes :

« — Décidément, j'aime mieux vos Bretons quand ils
ne s'amusent pas : ils sont moins mornes. »

Son erreur était de croire que ces Bretons s'étaient réunis
là pour s'amuser. Le Goffic a écrit à propos des pardons (1) :
« Ils sont les mêmes qu'ils étaient il y a deux cents ans, et
vous ne trouverez rien de si délicieusement suranné. Ils ne
ressemblent point aux autres fêtes. Ce ne sont point des
prétextes à ripailles comme les kermesses flamandes, ni des
rendez-vous de somnambules et d'hommes-troncs, comme
les foires de Paris. L'attrait vient de plus haut : ces pardons
sont restés des fêtes de l'âme. On y rit peu et on y prie
beaucoup... » On ne saurait mieux dire. Une pensée religieuse, d'un caractère profond, préside à ces assemblées.

1) *Les Romanciers d'aujourd'hui*, p. 87-88.

Chacun y apporte un esprit grave, et la plus grande partie de la journée est consacrée à des pratiques de dévotion. On passe de longues heures en oraison devant la grossière image du saint; on fait à genoux le tour de l'auge en granit qui fut successivement sa barque, son lit, son tombeau; on va boire à sa fontaine que protège un édicule contemporain du sanctuaire et dont l'eau est réputée comme ayant des vertus curatives. Vers le soir seulement, après vêpres, les divertissements s'organisent. Plaisirs agrestes et primitifs. On s'attroupe pour jouer aux noix, dans le gazon, au pied des ormes. Les gars se défient à la lutte, à la course, sous les yeux des filles sagement assises sur les talus environnants, ou s'exercent à mâter une perche, parmi les applaudissements des vieillards. La danse enfin déroule en cercle ses anneaux, sérieuse et animée tout ensemble, avec un je ne sais quoi de simple et d'harmonieux dans le rythme qui rappelle son origine sacrée... Les retours, à la brune, sont exquis. On s'en revient par groupes, dans la fraîcheur du crépuscule, à l'heure où commencent à s'allumer les étoiles dans le gris ardoisé du ciel. Une sérénité douce enveloppe les choses. Les galants accompagnent chez elles leurs promises : ils cheminent côte à côte, en se tenant par le petit doigt. L'homme s'est enhardi, la fille ne se sent plus rougir : le mystère invite aux aveux. Aux approches de la ferme, pour annoncer leur arrivée, ils entonnent à l'unisson une cantilène achetée dans l'après midi à l'éventaire du marchand de complaintes. D'autres couples au loin leur répondent, et bientôt, de toutes parts, s'élève une sorte de chant alterné qui va s'éteignant peu à peu, avec les derniers tintements de l'angelus, dans le grandiose silence des campagnes assoupies.

Le charme rustique de ces fêtes, M. Luzel l'a exprimé en un *sône* resté jusqu'à présent inédit et dont on me saura d'autant plus de gré de traduire ici les principales strophes.

I

Nous avions traversé des champs, des prés en fleurs, des bois où les oiseaux s'égosillaient...

Devant moi, marchait, à quelque distance, Jénovéfa Rozel, la plus jolie fille qui se puisse rencontrer en Bretagne... Et si bellement accoutrée ! A un ange elle était pareille.

— Bonjour à vous, Jéno jolie !... Jésus, que vous voilà bien attifée ! Je vous retiens le premier pour danser la ronde.

— Grand merci, Alanik. Si je suis bellement vêtue, ce n'est point pour aller à la danse. Et puis, vous êtes un moqueur !

— Je gagerais volontiers un cent d'amandes que l'on vous verra tantôt, ô fleurette d'amour, tourner autour de Jolory (1), en donnant la main à Gabik... Gabik est un joli garçon. Ne rougissez point, mon enfant...

(1) Ménétrier renommé au pays de Plouaret.

II

..... La procession s'avance. Les cloches sonnent à toute volée, si bien que le clocher tremble et que l'on entend craquer la charpente sous l'effort des sonneurs..... Voici la grande bannière qui sort par le porche. Voyons qui la porte.

C'est Robert le Manac'h ! Celui-là est le plus fort de tous les jeunes hommes du pays. Il fait avec la bannière trois saluts coup sur coup. C'est un fier gars ! Plus d'une fille tient les yeux fixés sur lui.

La seconde bannière est aux mains de Gabik. Ses regards cherchent de tous côtés Jénovéfa, son petit cœur... Puis viennent en foule des filles vêtues de blanc, jolies, jolies à ravir, chacune portant un cierge...

Et de part et d'autre du chemin on voit, sur les talus, jeunes garçons et filles jolies, parmi les fleurs de toute espèce, fleurs d'épine et fleurs de genêt. Jusque sur les branches des arbres il y a des enfants par grappes...

... Dans la plaine, le recteur, de sa propre main, met le feu au bûcher de lande.

— Le feu ! Le feu de joie !

Et tous de crier en chœur :

— Iou ! Iou !

Et voici maintenant le tour du ménétrier.

III

... Jolory, monté sur sa barrique, appelle les jeunes gens à l'*aubade*(1). Le cœur des jeunes filles tressaille à cet appel...

Et maintenant, regardez ! Quelle allégresse ! En dépit de la chaleur, de la poussière, de la sueur, voyez comme on bondit, voyez comme on se donne de la peine !...

Le sonneur n'en peut plus : il a beau boire, l'haleine lui manque.

— Sonne, sonneur ! sonne donc !... Bois et sonne ! Sonne toujours !

IV

Je ne vois pas Jénovéfa, et Gabik pas davantage ; cela m'inquiète, car je ne veux pas perdre mon cent d'amandes...

Mais voici le chanteur aveugle !... Peut-être est-ce ici que je les trouverai, écoutant quelque chanson nouvelle faite sur deux jeunes cœurs malades d'amour...

Non ! Le vieil aveugle chante une complainte affreusement triste. Il s'agit d'un navire perdu en mer, par un temps épouvantable... Voyons, voyons plus loin !... Voici Iouenn Gorvel étendu de son long dans la douve, ivre comme un pourceau... Voici Job Kerival...

(1) Nom d'une danse bretonne.

... — Dis-moi, n'aurais-tu pas vu Jénovéfa Rozel ?

— Si fait ! je l'ai rencontrée là-bas, descendant... Elle allait, j'imagine à la chapelle, prendre cougé du saint.

— Etait-elle seule ?

— Nenni. Son doux Gabik l'accompagnait. Qu'il était content et qu'elle était jolie !

... Ils ne sont plus dans la chapelle... Ma belle Jénovéfa, je vous retrouverai, et avec vous votre Gabik...

— Bonjour à vous, ma commère Marguerite... Combien vendez-vous le cent de noix ?

— Mon bon Monsieur, ce ne sera pour vous que trois réaux : sans mentir, je les vends dix-huit sous aux autres. Les noix sont renchéries... et l'on a bien du mal à vivre, car les temps sont durs...

... Et, à présent, à la maison ! à la maison !... Le chemin est plein de monde revenant du pardon... Et des rires ! des chants !...

— L'aumône au pauvre, au pauvre vieil aveugle, qui ne voit pas plus clair à midi qu'à minuit !...

C'est le vieil aveugle Robert Kerbastiou, qui m'a si souvent chanté *gwerzes* et *sônes*.

— Oui, voilà deux sous dans votre écuelle, pauvre vieux.

— La bénédiction de Dieu soit sur vous, et puissiez-vous vivre longtemps !...

V

Le beau soir !... Le son aigu du biniou arrive jusqu'à moi, mêlé au parfum des fleurs... Le soleil s'abaisse derrière la colline. Là-bas, au loin, on chante le *gwerze* de *Kloarek Laoudour*.

Qui donc est là, sous ce hêtre ? Jénovéfa, si je ne me trompe, et Gabik, tous les deux !

— Le vent est frais sur la hauteur... Et, quand on rentre tard, Jéno, la mère gronde !... Mais voici de quoi l'apaiser : voici des amandes pour distribuer à chaque enfant, au petit frère, à la petite sœur, et à la mère et au père. J'ai perdu, je paie de bon cœur... Puisse Dieu bénir jusqu'au bout vos amours !... Ne rougissez pas ainsi ! Avant trois mois, le recteur vous mariera dans son église !...

Voilà bien, dans ses traits essentiels, la physionomie d'un pardon. Qui en connaît un les connaît tous. Ils sont innombrables. Chaque oratoire champêtre a le sien, et je pourrais citer telle commune qui compte sur son territoire jusqu'à vingt-deux chapelles. Chapelles minuscules, il est vrai, et à demi souterraines, dont le toit est à peine visible au-dessus du sol. Il en est, comme celle de saint Gily, en Plouaret, qui disparaissent au milieu des épis, quand les blés sont hauts. Ce ne sont pas les moins fréquentées. Un proverbe breton dit qu'il ne faut pas juger de la puissance du saint d'après l'ampleur de son église. Beaucoup de ces sanctuaires tombent en ruines. Le clergé n'a pas toujours pour eux la sollicitude qu'il faudrait, si même il ne tient pas en suspicion la dévotion vaguement orthodoxe et toute pénétrée encore de paganisme dont ils sont l'objet. Mais, n'en restât-il debout qu'un pan de mur envahi par le lierre et les ronces, les gens d'alentour continuent de s'y rendre en procession, le jour de la fête votive. Le pardon survit à la démolition du sanctuaire. L'été dernier, comme j'allais de Spézet à Châteauneuf-du-Faou, je vis sur le bord du canal, à l'endroit où la route franchit l'Aulne, une grande foule assemblée.

« — Que fait là tout ce monde ? » demandai-je au conducteur.

« — C'est le pardon de saint Iguinou », me répondit-il.

Je cherchai des yeux la chapelle, mais en vain. Il y avait seulement, en contre-bas du pré, une fontaine que voilaient de longues lianes pendantes, et, un peu au-dessus, au flanc du coteau, dans une excavation naturelle en forme de niche, une antique statue sans âge, presque sans figure, un bâton dans une main, dans l'autre un bouquet de digitales fraîchement coupées. Nul emblème religieux ; pas l'ombre d'un prêtre. Le recueillement néanmoins était profond. C'étaient les fidèles eux-mêmes, si l'on peut dire, qui officiaient...

Il faut être né de la race, avoir été bercé de son humble rêve, pour sentir quelle place immense occupe dans la vie du Breton le pardon de sa paroisse ou de son *quartier*. Enfant, il y est mené par sa mère, en ses beaux vêtements neufs, et des vieilles semblables à des fées lui baignent le visage dans la source, afin que la vertu de cette eau sacrée lui soit comme une armure de diamant. Adolescent nubile, c'est là qu'il noue *amitié* avec quelque « douce » entrevue naguère, toute mignonne, sur les bancs du catéchisme et qui, depuis lors, a poussé en grâce, comme lui en vigueur. Là il se fiance, se donne tout entier, sans phrases, dans un furtif serrement de mains, dans un regard. Ses émotions les plus délicates et les plus intimes se rattachent à cette pauvre « maison de prière », à son enclos moussu, planté d'ormes ou de hêtres, à son étroit horizon que borne une haie d'aubépine, à son atmosphère mystique, parfumée d'une vapeur d'encens. Vieux, il y vient contempler la joie des jeunes et savourer en paix, avant de quitter l'existence, cette courte trêve à son labeur que le *Génie du lieu*, le saint tutélaire de son clan lui a ménagée.

Je devais à ces petits cultes particuliers une mention à cette place, précisément parce que ce n'est point d'eux qu'il va être question dans le corps du livre. Parmi la multitude des sanctuaires bretons, quelques-uns jouissent d'une célébrité qui, débordant les limites du hameau, voire celles de la *contrée*, s'étend au pays tout entier. On s'y rend en pèlerinage de vingt, de trente lieues à la ronde. La croyance populaire est qu'il y faut avoir entendu la messe au moins une fois, de son vivant, sous peine d'encourir la damnation éternelle. Ce ne sont point, comme on le pourrait penser, des églises de ville (1), des basiliques aux somptueuses architectures, mais des oratoires modestes, peu différents de ceux dont il a été parlé ci-dessus, et que rien ne signale à l'attention du passant, si ce n'est peut-être,

---

(1) Sauf *Notre-Dame du Bon-Secours* de Guingamp et l'édifice tout moderne de *Sainte-Anne d'Auray*. J'avais d'abord l'intention de décrire aussi ces deux pardons qui furent jadis des plus populaires en Bretagne. Mais ils ont revêtu, depuis quelque temps, un caractère de cosmopolitisme religieux qui ne m'a pas permis de les faire entrer dans le cadre de ces études exclusivement bretonnes.

le seuil franchi, un luxe d'ex-voto naïfs appendus aux murailles. Les saints qu'on y vénère n'ont pas de spécialité : ils guérissent de tous maux. On s'adresse à eux en dernier ressort. Ils sont infaillibles et tout puissants. Dieu n'agit que par leur voie et d'après leurs conseils. « S'ils disent oui, c'est oui ; s'ils disent non, c'est non. » Toute l'année ils ont des visiteurs, et les chemins qui conduisent à leur « maison » ne restent jamais déserts, par quelque temps que ce soit, « lors même qu'il gèlerait à faire éclater les os des morts ». Leurs pardons attirent une énorme affluence de peuple. A celui de Saint-Servais, dans un repli de la montagne d'Aré, sur la lisière de la forêt de Duault, on comptait naguère jusqu'à seize ou dix-sept mille pèlerins appartenant aux trois évêchés de Tréguier, de Quimper, de Vannes.

Servais, que les Bretons nomment *Gelvest* ou encore *Gelvest le Petit* (Gelvest ar Pihan), est invoqué comme le protecteur des jeunes semences. Il les garantit contre la rigueur des hivers et contre les gelées blanches des premières semaines de printemps. Son pardon a lieu le 13 mai. La veille, à la vêprée (*gousper*), se faisait la belliqueuse procession qui a immortalisé, dans les annales de nos paysans, ce pauvre sanctuaire de la Cornouaille des Monts. Des paroisses les plus lointaines on s'y transportait, les hommes à cheval, les femmes entassées dans de lourds chariots. Au lieu de la verge de saule écorcé, ordinaire et pacifique emblème des pèlerins, tous ces rudes laboureurs brandissaient — assujetti au poignet droit par un cordonnet de cuir — le *penn-baz* de houx ou de chêne, à tête ferrée, formidable comme une massue préhistorique. Je laisse ici la parole à une conteuse, la vieille Naïc, qui, sept fois, est allée de Quimper à Saint-Servais, pieds-nus.

« Nous partions en bandes nombreuses. Aux abords de la chapelle nous trouvions les *Gwénédiz*, les gens de Vannes. C'étaient eux nos adversaires les plus enragés. On attendait vêpres, rangés en deux camps, les Gwénédiz d'un côté du ruisseau qui longe le cimetière, nous, de l'autre. On se dévisageait avec de mauvais yeux. A vêpres sonnant, les battants du portail s'ouvraient, et l'on se ruait dans l'église. On voyait au fond de la nef la grande bannière, debout, sa hampe passée dans un anneau, près de la balustrade du chœur. Non loin, sur une civière, était le petit saint de bois, *Sant Gelvest ar Pihan*. Il y en avait tous les ans un nouveau : le même n'aurait pu servir deux fois ; régulièrement il était mis en pièces.

« On entonne le *Magnificat*.

« Aussitôt, voilà tous les penn-baz en l'air. Après chaque verset, on entend *dig-a-drak, dig-a-drak*. C'est, dans l'église, un effroyable cliquetis de bâtons qu'on entrechoque.

« Les Cornouaillais crient :

> *Hij ar rew ! Hij ar rew !*
> *Kerc'h ha gwiniz da Gernew !*

(Secoue la gelée ! Secoue la gelée ! — Avoine et froment à Cornouailles !)

« Les Vannetais ripostent :

> *Hij ar rew ! Kerc'h ha gwiniz,*
> *Hac ed-dû da Wênédiz !*

(Secoue la gelée! Avoine et froment — Et blé noir aux Vannetais !)

« Cependant un gars solide empoigne la bannière dont la hampe a dix-huit pieds de haut. Deux autres s'emparent de la civière où est attachée l'image du petit saint. Entre les Gwénédiz massés à gauche et les Cornouaillais massés à droite, s'avance le recteur de Duault, tout pâle, car le moment terrible approche... La bannière s'incline pour passer sous la voûte du porche. Soudain une clameur retentit, furieuse, hurlée par des milliers et des milliers de bouches :

Hij ar rew ! Hij ar rew !

« C'est la mêlée des penn-baz qui commence. Ils se lèvent, s'abattent, tournoient, décrivent de larges moulinets sanglants. On frappe comme des sourds. Le recteur et ses chantres se sont enfuis à la sacristie. C'est à qui restera maître de la bannière et de la statuette en bois. Les femmes ne sont pas les moins acharnées : elles griffent, elles mordent...

« Il me souvient surtout d'une année. La Cornouaille triomphait. Il y avait eu un ouragan de coups, des bras rompus, des têtes cassées. Sur les tombes, dans le cimetière, des gens étaient assis qui vomissaient le sang à pleine gorge. Le saint avait été réduit en miettes; les hommes nous disaient : « Ramassez-en les copeaux dans vos tabliers ». La bannière seule demeurait intacte. Les Vannetais tentèrent un dernier assaut pour nous la reprendre ; ils furent repoussés victorieusement et se retirèrent, emmenant leurs blessés à qui les cahots des charrettes arrachaient des gémissements de douleur, tandis que nous rapportions la bannière à l'église en chantant un chant de joie... Cette année-là, en Cornouaille, les tiges ployèrent sous le poids des épis. »

Un pardon aussi original méritait d'avoir sa place dans ce volume. Je la lui eusse faite d'autant plus volontiers que je suis né en ce coin de montagne, dans une vieille maison presque contiguë à la chapelle, où mes premiers souvenirs d'enfant me représentent encore ma mère pansant de ses mains délicates, avec des onguents dont elle avait le secret, la kyrielle des estropiés. Mais la fête, à vrai dire, n'existe plus. L'autorité civile, de concert avec l'autorité diocésaine, a lancé contre elle une sorte d'interdit. Les pèlerins, sabrés par les gendarmes, se sont dispersés. C'en est fini des batailles sacrées en l'honneur de Gelvest ar Pihan. Les anciens du pays prétendent que c'est leur abolition qui est cause si l'agriculture périclite. Depuis qu'on ne se dispute plus à coups de penn-baz la bannière de saint Servais, il semble que les laboureurs des trois évêchés aient perdu leur Palladium.

Actuellement, il ne subsiste guère en Bretagne que quatre grandes panégyries. Ce sont, à mon avis, autant d'épisodes distincts, et qui se complètent l'un par l'autre, de la vie religieuse des Bretons armoricains. J'ai tâché de les fixer d'après nature, avec une absolue sincérité. J'ai fréquenté à diverses reprises la plupart de ces pardons. Mon vœu serait de les avoir évoqués tels qu'ils me sont apparus, dans leur beauté fruste, avec les traits propres à chacun d'eux. Il m'a été donné de les voir au bon moment. Pour demain leurs aspects se seront sans doute modifiés. Une transformation s'accomplit, de jour en jour plus profonde, dans les usages et dans les mœurs de la vieille péninsule. En ce qui regarde les pardons, on lira plus loin les prédictions désenchantées d'un barde(1). Déjà leur physionomie n'est plus la même qu'il y a vingt ans. Les hommes-troncs dont parlait Le Goffic ont appris le chemin de nos sanctuaires les plus ignorés. Les vendeurs d'orviétan remplacent peu à peu autour des enclos bénits la confrérie de plus en plus clairsemée des chanteurs, et les cuivres des forains marient maintenant leur grosse musique profane à l'aérienne mélodie des cloches. Symptôme plus grave : des dévotions nouvelles se substituent aux anciens cultes, et, parmi le peuple, la merveilleuse légende des saints nationaux va s'oblitérant..... Que si l'âme fleurie des Pardons de la Bretagne doit elle-même se faner un jour, puissent ceux qui, comme moi, l'ont aimée retrouver en ces humbles pages quelque chose de sa poésie et de son parfum !

(1) Cf. *Rumengol*.

Kerfeuntun, 2 avril 1894.

Saint-Yves
Le Pardon des Pauvres.

I.

SAINT-YVES est le dernier en date et, si je ne me trompe, le seul canonisé de nos saints d'origine bretonne.⁽¹⁾ Il est aussi à peu près le seul dont la réputation ait franchi les limites de la province. Un an après sa canonisation, il avait à Paris, rue Saint-Jacques,

(1) Ewen, Euzen ou Yves Héloury naquit, le 7 octobre 1253, de noble dame Azou du Quinquiz, épouse de Tanaik Héloury de Kervarzin, lequel accompagna, dit-on, le duc de Bretagne, Pierre de Dreux, à la septième croisade, et fut un des combattants de la Massoure. (Cf. la Vie de Saint-Yves, par l'abbé France).

une chapelle ou collégiale qui a subsisté jusqu'en 1823. Au XVᵉ siècle, on lui bâtissait au cœur même de Rome, une église avec cette dédicace : *Divo Yvoni Trecorensi* ; et, plus tard, dans la même ville, on vit se fonder sous son patronage, des confréries d'hommes de justice qui pourvoyaient, par une sorte d'assistance judiciaire, à la défense des pauvres et des petits. Angers, Chartres, Evreux, Dijon lui consacrèrent des autels. A Pau, le parlement faisait, en robes rouges, une procession en son honneur. A Anvers, des fragments de ses reliques, enchâssés dans l'irénophore, étaient donnés à baiser, les jours d'audience, aux membres de la cour. Rubens peignit pour l'université de Louvain un tableau qui le représentait. Dernièrement enfin, on a découvert à San-Gimmanio, près de Pérouse, une fresque de Baccio della Porta qui montre le saint avocat donnant à une clientèle en haillons des consultations gratuites.

Mais, il va sans dire que c'est surtout en Bretagne, et plus particulièrement au pays de Tréguier, que sa mémoire et son culte persistent à fleurir.

Les sentiers sinueux qui mènent à travers

champs à son sanctuaire du Minihy sont fréquentés toute l'année par les pélerins qui vont implorer son aide. Les suppliants affluent des hâvres de la côte voisine et des pentes lointaines du Ménez.

Un soir que je revenais de visiter la tour Saint-Michel qui domine de sa haute ruine solitaire tout le paysage trégorrois, je ne fus pas peu surpris de voir poindre à un tournant de la route trois petites lueurs qui scintillaient faiblement dans le crépuscule déjà sombre, tandis qu'au milieu du grand silence s'élevait un bruit de voix, très doux, très monotone, un susurrement continu et plaintif. En m'approchant, je distinguai un groupe de femmes assises côte à côte sur un tas de pierres, au bord du chemin. Chacune d'elles tenait à la main un cierge dont la flamme montait, à peine vacillante, dans l'air tranquille. Je leur donnai le bonsoir en breton, et elles s'interrompirent de prier pour me demander si elles étaient encore loin de Saint-Yves. Elles étaient nu-pieds, en corps de chemise. Elles arrivaient de Pleumeur-Bodou, d'une seule traite, sans avoir pris aucune nourriture, et elles se reposaient là, un instant. Leur dessein était de passer la nuit en oraison, dans l'église, de faire, comme elles disaient, « la veillée devant le saint, » puis de s'en retourner chez elles, après la première messe, toujours pieds nus et à jeun.

« — Et vous portez ces cierges, ainsi allumés, depuis Pleumeur ? »

« — Sans doute. »

« — Pourquoi ? »

— Parce que cela est dans notre vœu. »

« — Ce vœu, peut-on savoir quel il est ? »

Ma question, paraît-il, était indiscrète. Les femmes se regardèrent entre elles, et la plus âgée des trois, figure sèche et basanée de pilleuse d'épaves, me répondit avec dureté :

« — Vous n'êtes pas « Monsieur saint Yves béni, » ce me semble. »

En même temps elle se levait, faisant signe à ses compagnes. Je les vis s'enfoncer dans l'obscurité, l'une derrière l'autre, à la file, avec des arrêts subits, dès que la flamme des cierges, échevelée par le vent de la marche, menaçait de s'éteindre. J'étais aux portes de Tréguier que j'entendais encore le tredon, de plus en plus lointain, de leurs voix : on eût dit un essaim d'abeilles voyageant d'arbre en arbre, dans la profondeur sonore de la nuit....

Cette rencontre m'est restée présente, entre mille autres, faites dans les mêmes parages, — sans doute à cause de l'impression de mystère qu'elle m'a laissée.

C'est une tradition en Bretagne que chaque saint a sa spécialité curative. Maudez guérit des furoncles ; Gonéry, de la fièvre ; Tujen, de la morsure des chiens enragés. Yves, lui, est, selon l'expression populaire, « bon pour tout ». De là sa supériorité. On peut s'adresser à lui en n'importe quelle occurrence. « Lorsque saint Yves s'est mis une chose dans la tête, il en vient toujours à bout. » Telle est la conviction générale. Aussi, tandis que la plupart des vieux thaumaturges locaux ont vu, en ces derniers temps, décroître leur prestige, le sien n'a fait qu'augmenter ; comme me disait une vieille, il les dépasse tous de son bonnet carré. Il est aux yeux des Bretons, le savant, le docteur par excellence ; et ils ont une foi invincible dans ses lumières, certains, d'ailleurs, qu'il n'en usera jamais pour les tromper. Car il n'est pas seulement la science même, il est encore la droiture incarnée. C'est le grand justicier, l'arbitre impeccable et incorruptible. L'image la plus fréquente que l'on donne de lui le représente assis dans un tribunal, entre le bon pauvre dont il accueille la requête et le mauvais riche dont il repousse la bourse. Cela est d'un symbolisme transparent et naïf. Soyez assurés que le bon pauvre personnifie le peuple breton lui-même, ce peuple de miséreux durcis à la peine, pour qui les conditions de la vie sont demeurées si précaires et sur qui n'a pas cessé de peser le long héritage d'oppression et d'iniquité dévolu à la plupart des communautés celtiques. Lui aussi, comme le bon pauvre, il tient en main son rouleau de papier où sont inscrits ses doléances, sa plainte séculaire, son indomptable espoir. Car, en dépit des cruelles écoles de son passé, il n'a renoncé à aucun de ses vieux rêves, rien abdiqué de son idéal ancien. Affamé de justice il est resté fidèle à la religion du droit ; comme toutes les races qui ont souffert, il se berce d'une grande illusion messianique. Et, en attendant le jour improbable où elle deviendra une réalité, il met sa confiance en Saint-Yves, l'avocat des humbles, l'irréprochable thaumaturge redresseur de torts. C'est à lui que les Trégorrois ont recours, toutes les fois qu'ils se tiennent pour gravement lésés, et, en le faisant juge de leur querelle, ils l'invoquent sous le beau nom de « Saint Yves le Véridique, » *Sant Ervoan ar Wirionez*.[1]

II.

Le lieu où il donne, en cette qualité, ses audiences n'est point son église du Minihy, mais, sur une des collines d'en face, de l'autre côté du

---

[1] On traduit encore : *Saint Yves de la Vérité*. Je crois être plus fidèle au sens exact de l'expression bretonne, en traduisant comme je fais, *droiture* et *vérité*, dans cette langue, se rendant par le même terme.

Jaudy, un étroit emplacement ombragé d'ormes et dominant la crique de Porz-Bihan.

Là s'élevait naguère une chapelle dédiée à saint Sul, sur les terres des seigneurs du Verger, de la famille de Clisson. Ceux-ci lui adjoignirent, vers le XVIIIe siècle, un ossuaire en granit destiné à leur servir de caveau funéraire. Après la Révolution, la chapelle subit le sort de quantité d'autres oratoires que le manque de ressources des fabriques paroissiales, souvent aussi l'incurie du clergé, a laissés tomber en ruines. Elle disparut, mais l'ossuaire resta debout. Les statues des saints que la chapelle ne pouvait plus abriter y trouvèrent un refuge. Parmi elles était une image de saint Yves, très ancienne, d'un caractère un peu barbare, et qui, pour ces deux raisons, était regardée par les gens du pays comme une reproduction en quelque sorte authentique.

J'ai vu, dans mon enfance, l'édicule de Porz-Bihan.

Une vieille femme de Pleudaniel, où nous habitions, m'y mena un jour. Elle s'appelait Mônik, — diminutif familier de Môn ou Marie-

Yvonne. — De son métier, elle était cardeuse d'étoupes ; et, tout l'hiver, elle cardait. Je m'esquivais, souvent, à la tombée de la nuit, pour aller m'asseoir près d'elle dans l'âtre où elle travaillait, accroupie, à la lueur d'une chandelle de résine. Elle avait une prodigieuse mémoire, en dépit de ses soixante-dix ans, et elle savait des choses surprenantes que je n'ai jamais entendu dire qu'à elle. Elle les disait d'une voix lente, posée, toujours égale. On avait tant de plaisir à l'écouter qu'on ne prenait pas garde au grincement des peignes, — si même il n'y avait pas dans cet accompagnement strident je ne sais quel charme de plus.

Sur la fin de la saison froide, dès que les pâles soleils de mars commençaient à luire, Mônik changeait d'occupations. Elle se faisait alors « pèlerine ». Des gens la venaient trouver, la priaient, moyennant un modique salaire, de se rendre à tel oratoire, à telle fontaine qu'ils désignaient, et d'y remplir leurs dévotions à leur place. A partir de ce moment, ses journées se passaient à trotter les chemins. Un matin, je la vis qui achevait de nouer ses souliers sur le pas de sa porte.

« — Et de quel côté allez-vous aujourd'hui, Monik vénérable ? »

« — Pas loin, mon petit... Au pays de Trédarzec ; deux lieues à peine, par la traverse. »

« — Savez-vous, mère Môn ; puisque c'est si près, laissez-moi vous accompagner. »

Elle hocha la tête à plusieurs reprises, en faisant : heu !... heu !... d'un air indécis, comme si ce que je lui demandais là eût été très grave. Puis, au bout d'un instant :

« — Viens tout de même », me dit-elle.

Nous nous mîmes en route, dans l'exquise fraîcheur des choses matinales. J'étais tout fier de voyager ainsi aux côtés de la vieille Môn que je considérais comme une personne d'essence supérieure, en commerce perpétuel avec les saints. Nous suivions des sentiers qui n'étaient certainement connus que d'elle, et qui coupaient court, à peine frayés, à travers les hautes herbes des prairies et les fourrés épineux des landes. Un grand silence planait sur la campagne mouillée.

Nous marchions d'une bonne allure. Voici que, dans la montée de Kerantour, je crus m'apercevoir que Monik boitillait d'une jambe.

« — Ce n'est rien, fit-elle : j'ai *dû* mettre dans mon soulier quelque chose qui me gêne un peu. »

« — Déchaussez-vous. »

Elle eut un geste de la main, comme pour me dire : « Ne t'occupe point de cela ; c'est mon affaire, et non la tienne ». Et elle continua de cheminer de la sorte, en marmottant de vagues oraisons auxquelles je ne comprenais rien. Au bourg de Trédarzec, elle fit une halte sous le porche de l'église, m'invitant à m'asseoir sur une des pierres tombales du cimetière pour attendre qu'elle eût fini...

L'instant d'après nous étions de nouveau en pleins champs.

« — Maintenant, me dit Monik, paix ! Ne me parle plus... contente-toi, pour te distraire, de siffler aux merles. »

Je lui trouvai une mine étrange, un air assombri et presque farouche. Dans sa vieille figure flétrie, à la peau rugueuse et plissée comme une écorce de chêne, ses petits yeux brillaient d'un éclat singulier. Il me vint à l'esprit des pensées déplaisantes qui me gâtèrent toute ma joie de tantôt. Si j'avais osé, je serais retourné sur mes pas. Aussi n'ai-je gardé de cette partie du trajet que des souvenirs confus. Par intervalles, on traversait des aires de fermes. Monik était universellement connue ; les ménagères se montraient sur le seuil et la saluaient au passage :

« — Ah ! Ah ! Monik, on va donc *là-bas* ? »

« — Oui, oui, une fois encore !... Quand les choses ne sont pas droites, il faut bien recourir à quelqu'un qui les redresse. »

Ces propos énigmatiques, échangés d'un ton rapide, n'étaient pas pour diminuer mon malaise. — Au creux d'un ravin, entre des rebords en granit rongés par les mousses, dormait tristement une fontaine à l'eau ténébreuse et glacée. Monik s'agenouilla sur la margelle ; je crus qu'elle voulait boire. Mais point. Elle se contenta de puiser quelques gouttes dans ses deux mains et d'en asperger le sol autour d'elle, en murmurant de vagues paroles. — Ce furent ensuite des terres hautes, des *meziou*, des friches dénudées et houleuses, un dernier plateau enfin, et devant nous, par delà le miroitement calme de la rivière, Tréguier surgit, lumineuse, poussée d'un seul jet, ainsi qu'une ville de rêve, avec les teintes pourprées de ses vieux toits, son peuple de clochetons, et la flèche de sa cathédrale, toute rose, de grands vols de martinets tournoyant au-desssus. Le long du quai planté d'arbres, les vergues des navires, enchevêtrées aux branches, semblaient avoir retrouvé la frondaison de leurs printemps d'autrefois. Les moindres bruits arrivaient à nous, très distincts ; on percevait jusqu'au claquement des sabots sur le pavé ; des refrains de calfats se croisaient dans l'air. A l'arrière-plan se voyaient le Minihy, dans un fouillis de verdures, et Plouguiel, détaché en silhouette sur un dos de promontoire. Tréguier m'apparut ce jour-là comme une cité merveilleuse au centre d'un paysage enchanté...

Monik cependant venait de prendre à droite,

par une gênetaie ; un colombier désert y projetait son ombre mélancolique. Non loin, deux ou trois maisons de pauvres, couvertes en glui ; en contre-bas un bouquet d'ormes ébouriffés par les vents d'ouest, et, à leur pied, dans un retrait, une petite construction bizarre, semi chapelle, semi crèche. Nous étions au terme de notre course.

« — Fais ta prière, enfant, me dit Môn. Ici demeure le grand saint des Bretons, ici demeure Yves le Véridique. »

C'étaient les premiers mots qu'elle m'adressait, depuis Trédarzec. Elle ajouta :

« — Mais, d'abord, regarde bien. Sa statue est celle que tu vois dans cet angle. Il y est représenté tel exactement qu'il était de son vivant, du temps qu'il était *recteur* de Tréguier ». [1]

Une vapeur diffuse emplissait le sanctuaire qui ne recevait de jour que par la porte et par une

---

[1] Ainsi s'exprimait l'excellente femme. Est-il nécessaire de faire observer que les gens du peuple ont leur façon personnelle d'interpréter, c'est-à-dire de dénaturer l'histoire, et que saint Yves a été non pas *recteur*, mais *official* de Tréguier.

espèce de lucarne percée dans un des murs latéraux. Au fond, était dressé un autel en maçonnerie, blanchi à la chaux, où, sur la table de pierre, sans nappe ni ornements, une rangée de saints s'appuyaient les uns aux autres, épaule contre épaule, comme une bande d'hommes ivres. Ils avaient pour la plupart des traits à la fois rudes et bénins, encadrés d'une chevelure moutonneuse et d'une barbe en collier, et rappelaient à s'y méprendre les gens de notre entourage habituel, — pêcheurs du Trieux et mariniers de Jaudy. Une statue isolée occupait l'encognure de droite ; c'était elle que me désignait Monik. Elle était de taille humaine, beaucoup plus haute que les précédentes, mais tout aussi fruste ; le bois en était fendillé, pourri, entaché de lèpres et de moisissures. La figure seule avait gardé les traces d'un peinturlurage ancien, étrangement blêmi ; et sa pâleur mate semblait luire dans l'ombre, comme si elle eût été phosphorescente. On aurait dit la face d'un mort, éclairée d'un reflet de cierges. Je ne la contemplai du reste qu'à la dérobée, et dans des dispositions d'âme où la peur l'emportait sur la dévotion — et même sur la curiosité. Je n'étais pas sans savoir de quels attributs terribles cette image passait pour être douée. La cardeuse d'étoupes, durant les veillées d'hiver, par des allusions, des demi-confidences, m'en avait instruit un tant soit peu. Et je n'étais pas très rassuré de me trouver face à face avec cette tête glabre dont les yeux étaient d'une fixité déconcertante.

Monik avait délacé son soulier gauche, — celui du pied dont elle boitait, — et, en ayant retiré une de ces petites monnaies de bronze, encore fréquentes à cette époque dans le pays et qu'on appelait des pièces « de dix-huit deniers », elle l'alla poser délicatement dans un pli de l'aube du saint ; puis, troussant sa cotte et appuyant ses genoux nus au sol humide, elle entra en oraison.

Ce fut long, très long. Je m'étais assis dans l'herbe, en dehors de l'oratoire, l'esprit occupé à suivre des voiles qui descendaient la rivière, unie et verte comme un lac. Soudain, Monik se mit à parler tout haut, d'un ton âpre. Je me penchai, et je la vis qui, debout, interpellait le saint assez durement, en le secouant par l'épaule. A plusieurs reprises elle cria en breton :

« — Si le droit est pour eux, condamne-nous ! Si le droit est pour nous, condamne-les ; fais qu'ils sèchent sur pied et meurent dans le délai prescrit !... » (1)

Il y avait, dans l'accent et dans le geste, je ne sais quoi de sauvage et de troublant.

La vieille sortit du sanctuaire, les yeux allumés d'une flamme mauvaise, et en fit le tour à l'extérieur par trois fois. Le troisième tour accompli, elle s'agenouilla devant l'entrée. Quand elle se releva, elle avait son expression accoutumée, sa figure d'aïeule, d'une enfantine douceur, et dont les rides mêmes semblaient sourire.

« — C'est fini, » me dit-elle. « Allons-nous en bien vite ! »

Il fut délicieux, ce retour, dans la joie de la lumière de midi, par une belle journée de prin-

---

(1) La formule est invariablement la même, et l'on emploie toujours le pluriel, même lorsqu'il n'y a contestation que d'individu à individu, — ce qui était ici le cas, ainsi qu'on le verra plus loin.

temps hâtif. Môn causait, causait, comme pour se dédommager du silence qu'elle avait dû observer jusque-là. A Trédarzec elle voulut absolument me faire manger des gâteaux à une petite « boutique » en plein vent. Elle était gaie ; des bouts de chansons lui venaient aux lèvres ; jamais je ne lui avais vu cette exubérance. Et elle ne boîtait plus, — oh ! plus du tout, — trottinait au contraire, d'une allure ingambe, avec des sautillements d'oiseau.

« — Vous avez l'air tout heureux, vieille mère ? »

« — Je suis heureuse, en effet, *mabik* [1]. J'ai un poids de moins sur le cœur. Parmi les commissions qu'on me donne à faire, il en est qui ne sont pas agréables, mon enfant. »

« — Et quelle était celle d'aujourd'hui, s'il vous plaît ? »

« — Chut ! » murmura-t-elle, en faisant mine d'écouter un pinson qui s'égosillait au-dessus de nous, dans une touffe d'aulnes. Je n'osai pas insister ; on parla d'autre chose...

(1) *Fils*, avec le diminutif de tendresse.

*
* *

Ce que Môn, par scrupule professionnel, se refusait à m'apprendre, je l'ai su depuis.

Un patron de barque de Camarel, en Pleudaniel, avait eu maille à partir avec son unique matelot, à propos d'un règlement de comptes sur lequel ils ne s'étaient point trouvés d'accord. De là des paroles aigres et une mésintelligence qui alla croissant. On continua de pêcher ensemble, mais on passait souvent vingt et trente heures au large sans échanger un mot. Et les personnes entendues de dire :

« — Vous verrez que cela finira mal ! »

Une nuit, le matelot se présenta, l'air égaré, les vêtements ruisselants, au poste des douanes de Lézardrieux. Il raconta que la barque — qui était « mûre » — avait touché une roche, qu'elle avait coulé à pic, et que le patron, ne sachant pas nager, avait dû « trinquer » une fois pour toutes.

Il n'y avait dans ce récit rien d'invraisemblable. On n'inquiéta point le matelot. Les commères de

Camarel, cependant, ne laissaient pas de jaser ; excitée par elles, la veuve du noyé fit un esclandre public, dans le cimetière, à l'enterrement du cadavre retrouvé au bout du neuvième jour [1].

« — Oui ! oui ! » s'écria-t-elle, au moment où le cercueil disparaissait dans la fosse, « — nous savons comment tu es mort !... Ils pleureront aussi, crois-moi, ceux que ta perte a réjouis en secret... »

A partir de ce moment, la vie ne fut plus tenable pour le matelot. Il n'était point d'avanies qu'il n'eût à subir de la part de la veuve et de sa nombreuse parenté. En vain il voulut se louer à un autre patron : partout il lui fut répondu, sur un ton de sanglante ironie, qu'on n'avait pas besoin à bord d'un homme qui « portait malheur ». Désespéré, sur le point de quitter le pays, il se rendit chez Monik, à la nuit close, pour n'être vu de personne.

« — Il faut qu'Yves le Véridique prononce

---

[1] C'est une croyance invétérée sur le littoral armoricain, — justifiée d'ailleurs, m'a-t-on dit, par de nombreux exemples, — que tous les neuf jours la mer pousse à la côte les cadavres de ceux qu'elle a engloutis dans l'intervalle.

entre la veuve et moi. Je te prie de l'aller trouver en mon nom... »

On sait avec quelle ponctualité la « pèlerine » par procuration s'acquitta de cet office.

Il paraît que, dans le cours de l'année, la veuve tomba en « languissance », sécha sur pied comme une plante atteinte dans ses racines et, finalement, trépassa. Le matelot avait eu gain de cause...

C'est chose superflue, j'imagine, de faire remarquer combien cette forme populaire du culte de saint Yves rappelle la fameuse épreuve du *Jugement de Dieu* si usitée au Moyen-Age. [1] Aujourd'hui, le petit oratoire de Porz-Bihan n'existe plus. Quand j'y suis revenu, cet été, pour y rafraîchir mes impressions d'autrefois, j'ai revu, dans le ravin, la vieille fontaine, avec son eau si noire qu'elle ne m'a point renvoyé mon image lorsque je m'y suis penché ; et sur le plateau découvert, j'ai revu le colombier promenant autour de lui la même ombre solitaire. J'ai aussi reconnu les ormes, plus tordus que jamais et comme immobilisés en des attitudes de paraly-

[1] Avec quelque chose de plus moral, toutefois.

tiques. Au bord de la route pierreuse, c'était le même groupe de chaumières basses aux lourdes toitures, aux murailles disjointes étayées par des rames. Mais de l'édicule ancien plus rien ne restait, si ce n'est les fondations peut-être, quelques moellons épars enfouis sous de grandes ronces où des enfants d'alentour, pareils au petit coureur de champs que je fus naguère, cueillaient des mûres à pleines mains.

J'ai dit ailleurs [1] à quelle occasion le sanctuaire fut détruit. Le recteur de Trédarzec, en la paroisse de qui il était situé, y mit le premier la pioche. Il le fit raser entièrement et relégua la statue du saint dans le grenier du presbytère. Mais il est plus facile de démolir un mur que de déraciner une coutume, surtout en Bretagne. On n'en continue pas moins de venir prier sur l'emplacement de l'oratoire disparu. Dernièrement,

[1] Cf. la *Légende de la Mort*, p. 222, note 2. Lire aussi le « Crucifié de Kéraliès », ce sobre, délicat et passionnant récit où Ch. Le Goffic a reconstitué, dans un autre cadre, les principales péripéties du drame de Hengoat. La victime s'appelait, en réalité, Omnès, et la vieille sorcière qui l'alla vouer à saint Yves, — la Kato Prunennec du roman, — avait nom Kato Briand. Celle-ci fit à l'instruction des aveux complets, détailla consciencieusement toutes les pratiques rituelles auxquelles elle s'était conformée.

une femme du pays de Goëlo, qui avait été spoliée par un notaire, y passa la nuit, prosternée sur le sol, sous la pluie qui tombait à verse, — et s'en retourna chez elle à demi morte de froid, mais sûre d'être vengée. Vous trouverez aux environs des gens pour vous affirmer que le saint fait chaque soir le trajet du bourg à Porz-Bihan pour reprendre possession, jusqu'au matin, de sa « maison » en ruines : ils l'ont rencontré.

La légende ne s'arrête pas en si bon chemin. S'il faut l'en croire, le recteur « sacrilège » fut puni par saint Yves lui-même de son « forfait », voici dans quelles circonstances :

Certaine après-dînée, trois hommes étrangers à la paroisse se présentent à la porte du presbytère.

« — Qu'y a-t-il pour votre service ? » leur demande la servante.

« — Nous voudrions parler à M. le recteur. »

« — Il est à table. Que désirez-vous de lui ? »

« — Qu'il nous permette de nous agenouiller devant l'image d'Yves le Véridique, laquelle est, dit-on, prisonnière dans son grenier. »

Impressionnée par le ton singulier dont étaient prononcées ces paroles, la servante s'empressa d'avertir son maître, bien qu'il n'aimât guère à être dérangé au cours de ses repas. Le recteur, sa serviette à la main, parut aussitôt sur le seuil de la salle à manger. Il avait la mine furieuse.

« — Sortez d'ici, cria-t-il, vagabonds de grand'route que vous êtes. Saint Yves n'a que faire de vos prières homicides. »

« — Soit ! répondit avec calme l'un des inconnus. Puisqu'il en est ainsi, nous t'assignons tous les trois à son tribunal. C'est aujourd'hui samedi. Il te reste la nuit pour te repentir. Demain tu ne célébreras pas la grand'messe !... »

Là-dessus, les personnages mystérieux s'évanouirent, sans qu'on sût comme.

... Le recteur a gagné son lit à l'heure habituelle. Il est triste. Des pensées funèbres le hantent. La servante aussi se sent le cœur étreint d'une angoisse. Elle a beau se tourner et se retourner entre ses draps, elle ne peut s'endormir ; la sinistre prophétie des trois pèlerins retentit obstinément à ses oreilles... Soudain, elle sursaute :

par l'escalier du grenier descend un pas lourd, le pas de quelqu'un « qui serait en bois ». Il résonne maintenant dans le corridor. Une porte s'ouvre, un cri part. Et c'est ensuite une plainte longue, entrecoupée de hoquets, comme un râle. Est-ce chez le recteur ? Est-ce chez le vicaire ? Il sera toujours temps d'y aller voir. Un malheur ne s'apprend jamais que trop vite. Et la servante se tient coite, la face au mur, avec une sueur d'épouvante qui lui ruisselle par tout le corps...

Lorsqu'on entra le lendemain, au petit jour, dans la chambre du recteur, on le trouva dans son lit, mort, et la couverture ramenée sur le visage.

III

Est-il besoin d'ajouter que tout cet ensemble de superstitions auquel le culte d'*Yves le Véridique* a donné naissance n'est — aux yeux même de nos paysans — qu'une perversion du culte pur, autrement large, autrement humain, qu'ils rendent au vrai saint Yves ?

Parcourez les chaumières du littoral ou, comme on dit en breton, de *l'armor* trégorrois. Ce qui vous frappe, dès le seuil, c'est une enluminure naïve peinte à fresque par un artiste sans prétentions, à l'endroit le plus éclairé de la maison, — généralement dans l'embrasure de la fenêtre, là où s'épinglent aussi, en leurs cadres rococo, les photographies fanées des membres de la famille. Neuf fois sur dix, cette enluminure représente saint Yves, et, d'une chaumière à l'autre, le type est invariablement le même : figure imberbe et douce, le corps figé en une raideur sacerdotale, une bourse dans la main droite, un livre dans la gauche, l'air d'un tout jeune prêtre frais émoulu du séminaire, d'un *cloarec* [1] récemment promu au gouvernement des âmes. J'ai connu, dans mon enfance, des vicaires qui ressemblaient à cette image trait pour trait, blonds,

[1] Clerc.

roses, le geste embarrassé, les yeux méditatifs, — un mélange de paysannerie et de mysticité.

Il exista jadis, de par la Bretagne, une confrérie nomade de peintres rustiques qui s'en allaient de bourg en bourg, illustrant ainsi de motifs pieux les demeures des humbles. Médiocres barbouilleurs, pour la plupart, mais que tourmentait néanmoins un grand rêve d'idéalisme et qui, parfois, avaient d'heureuses rencontres, des hasards d'inspiration dignes du vieil Orcagna. Je crains fort que, de ces imagiers populaires, *Mabik Rémond* ne soit chez nous le dernier. Il est une des physionomies les plus originales de la Bretagne finissante. J'ai tenu à lui faire visite, il y a quelques mois. Sa bicoque couronne un rocher de la romantique vallée du Guindy [1], à deux kilomètres de Tréguier. Du dehors, c'est n'importe quelle masure ; à l'intérieur, c'est proprement un sanctuaire. L'autel même y est, — au bas bout de la maison, — faisant face au foyer. Au-dessus, un tabernacle en terre glaise, enjolivé d'un mirifique Saint-Sacrement. Comme meu-

---

[1] Le Guindy conflue avec le Jaudy, en aval de Tréguier.

bles, le strict nécessaire : un lit, une armoire, accolés l'un à l'autre, et ayant cette gêne vague des choses qui se sentent dépaysées. Quant au reste, des murs vides, ou plutôt peuplés — peuplés à l'excès — des surabondantes visions de Mabik.

Au moment où je franchis le seuil, le maître de céans est assis dans l'âtre, sur une escabelle, et surveille la cuisson du repas de midi. Il m'accueille sans se déranger, à la façon bretonne.

« — Si vous êtes chrétien, vous êtes ici chez vous, » me dit-il avec cette politesse tranquille des hommes du peuple en Basse-Bretagne, qui laissent les gens venir à eux.

Deux mascarons grossièrement pétris font saillie aux deux angles de la cheminée. L'un tient entre les lèvres, en guise de pipe, la pince en fer du *gôlô-lutik*, de la longue, et fluette, et torse chandelle de résine. Celui-là, m'explique Mabik, c'est « Ravachol », et l'autre, vis-à-vis, c'est le « diable » qui le tente. *Le Petit Journal* a pénétré jusque chez cet illettré d'Armorique.

Nous sommes vite devenus bons amis. Je

parle Breton, et il fume ! Tout en puisant à mon tabac, il me raconte sa vie. Il est né, suivant son expression, dans une douve quelconque, comme une herbe de hasard. Et depuis lors il ramone. Entre temps, il s'est marié et a été, comme il dit, « veuf et *reveuf* ». Il en est actuellement à sa quatrième femme. Et, comme je témoigne quelque commisération :

« — Oh ! fait-il philosophiquement, elles sont toujours un peu *avariées*, quand elles m'épousent..... »

Mais il ajoute aussitôt :

« — Toutes jolies, en revanche ; mes voisins vous le diront. »

Lui, est laid, chauve, la barbe hirsute et orde, les prunelles de travers, un *paysan du Danube* — y compris l'éloquence — avec la suie en plus, des plaques de noir de fumée encroûtant ses vieilles joues. Si on lui demande pourquoi, ayant la rivière à sa porte, il ne s'y lave jamais, il répond, non sans malice, que, pendant un quart-d'heure au moins, cela troublerait « l'âme claire de l'eau courante » et la dégoûterait peut-être de chanter. Elle a bien assez à faire, prétend-il, de décrasser les bourgeois. Ces bourgeois, il les exècre ; il a pour eux le mépris chevelu des rapins de 1830, interprété dans une langue dont je me refuse à traduire les violences pittoresques.

« — Parlons un peu de vos saints, Mabik Rémond. Commentez-moi votre musée. »

« — Voilà. C'est sur ces murailles que je m'essaie. Quand j'ai campé mon bonhomme et que je l'ai désormais à la main, je passe par dessus une couche de lait de chaux, — et j'entreprends autre chose. Vous voyez ce saint Trémeur ? Je l'ai refait quinze fois. C'est très difficile à attraper, un personnage de cette sorte, qui a sa tête dans les bras au lieu de la porter sur ses épaules. Ce saint Laurent aussi m'a coûté beaucoup de peine, et plus encore ce saint Herbot... Mes modèles ? Parbleu, les statues de bois ou de pierre devant qui je m'agenouille dans les chapelles, durant mes campagnes de ramonage à travers le pays trégorrois, depuis Plestin jusqu'à Paimpol. Je les contemple, je les prie, et j'emporte leur image dans mes yeux... »

Il est resté fidèle, en effet, à la tradition ancienne. Les « Primitifs » bretons lui ont légué leur secret avec leur âme, et il reproduit avec une sincérité surprenante leur « faire » inhabile et si expressif. Cela est d'un art simpliste, presque grossier, et où cependant se manifestent à la fois un symbolisme d'une qualité rare et un sentiment très précis de la réalité.

« — Quand et comment vous est-elle venue, Mabik, l'idée de vous faire *peintureur* de saints ? »

« — Hé ! sait-on pourquoi les étoiles se lèvent, lorsque descend la nuit ?... J'ai toujours aimé les belles choses des églises, — des vieilles églises d'autrefois, lesquelles étaient pleines de merveilles qu'on ne verra plus... Tout enfant, en cheminant comme ça de quartier en quartier, pour exercer mon métier de ramoneur, il m'arrivait souvent de coucher dans des sanctuaires abandonnés des fabriques et dont on ne songeait même plus à fermer la porte. Je restais longtemps sans dormir ou bien je me réveillais sans cesse, et je croyais entendre, dans l'ombre, les pauvres saints pleurer. Ils me disaient : « Mabik, nous sommes plus âgés que ne le serait aujourd'hui ton trisaïeul (1) ; notre sort est triste ; quand nous aurons fini de pourrir, qui se souviendra de notre visage ?... » — Puis, écoutez-moi bien : les femmes font quelquefois des scènes ; en pareil cas, moi, je déguerpis. Vous n'êtes pas sans connaître l'oratoire en ruines de saint Elud (2), dans la pinède, un peu au-dessus de la Fontaine-de-Minuit. Là, j'ai mon refuge, ma maison de paix. Là, plus de bruit humain, plus de paroles querelleuses, mais une solitude profonde où les jours s'écoulent avec lenteur, sous les grands arbres mélodieux... Un hiver, peu de temps après mes secondes noces, j'y vécus un peu plus d'une semaine. J'avais pris pour ma nourriture quelques

(1) On dit en breton « da dad kûn » *ton père doux*.
(2) C'est peut-être le site le plus gracieux de l'exquise vallée du Guindy. La rivière au bas, claire, chantante, déroulant sur un lit de gravier, à travers des prés d'un vert intense, ses méandres harmonieux. Sur une des collines de la rive gauche, un bois de pins et, à son ombre, les ruines de l'oratoire. Celui-ci devait couvrir à peine trois mètres carrés de superficie. Il était bâti de quelques pierres mal liées avec de l'argile. On raconte que saint Elud, — le même, j'imagine, que saint Iltud, — eut là son ermitage.
Quant à la Fontaine-de-Minuit (Feunteun-Anternoz), son eau mystérieuse filtre d'un rocher, au pied de la colline. J'ai dessein de raconter ailleurs ses vertus.

croûtes de pain, et, quant à la boisson, je n'avais qu'à puiser à la source. Les nuits étaient lumineuses et glacées. Je m'étais aménagé un toit de fougères qui me garantissait la tête : un feu d'aiguilles de pin me réchauffait les pieds. Or, un soir que je venais de m'assoupir, quelqu'un m'appela par mon nom. Je rouvris les yeux, et, devant moi, dans la brume blanche qui s'élevait de la vallée, je vis surgir une apparition, un fantôme de saint que je reconnus aussitôt. C'était Yves de Kervarzin, le prêtre secourable, hébergeur des vagabonds et patron des sans-le-sou... (1) Tel il s'est montré à moi, cette nuit-là, tel je l'ai représenté depuis, partout où j'ai pu, avec sa toque noire, avec sa longue soutane, avec son aube fine, si étincelante qu'elle semblait tissée de clair-de-lune.

« C'est lui qui a commencé ma réputation. Je l'ai peint d'abord dans une ferme, puis dans une autre. Finalement, dès que j'entrais dans une maison, on m'appréhendait à la veste :

« — Ramone ou ne ramone pas, cela nous

---

(1) « An dud a bemp liard » disait Mabik, *les gens de cinq liards.*

est égal, mais tu vas le dessiner là, tu vas dessiner ton *Sant Erwan !* »

« Aujourd'hui encore, quand je passe devant les seuils, les petits enfants s'attroupent et crient :

« — C'est Mabik Rémond, c'est *l'oiseau noir* de saint-Yves ! »

« Les meilleures choses, hélas ! n'ont qu'un temps. Reste-t-il, en Trégor, reste-t-il une seule maison de marin ou de paysan qui n'ait point sur sa muraille la grande image sacrée ? Pauvre de moi, j'ai dû chercher d'autres motifs. Oh ! je sais bien, dans notre pays ce ne sont pas les saints qui manquent. En ces parages mêmes, il en débarqua des *batelées* qui avaient pour pilote Lewias et Tudual pour capitaine. Je les connais tous. Au besoin, je vous dirais leurs noms, leur histoire et la figure qu'ils ont laissée d'eux. Je puis, avec un peu de terre à briques et de noir de fumée, leur redonner un semblant de vie. On me commande : « fais-nous tel saint, Mabik » ; et je le fais. Mais, voyez-vous, si j'étais maître de ma destinée, je ne peindrais jamais que des saint

Yves. Les galopins des campagnes ont raison. Peintre de saint Yves je suis, peintre de saint Yves je mourrai !... »

Ainsi me parla Mabik Rémond, en ce paisible après-midi d'août où je fus momentanément son hôte, tandis que le moulin de Job-An-Dû *tictaquait* ferme au creux du vallon et que les cloches du Minihy carillonnaient pour un baptême.

IV

Deux années auparavant, aux vacances de 1890, j'étais assis sous les grands ombrages du jardin de Rosmapamon. Et là, le plus merveilleux enchanteur que la Bretagne ait produit, depuis Merlin, évoquait devant un groupe d'intimes — à propos de l'inauguration, alors prochaine, du nouveau tombeau de saint Yves — les souvenirs de son enfance qui se rattachaient à l'ancien monument.

« — Je ne l'ai pas vu de mes yeux, disait-il. Il avait été détruit pendant la révolution par ce bataillon de vandales étampois qui a laissé dans toute notre Armorique tant de traces funestes de son passage. Mais les personnes vénérables de mon entourage en avaient retenu l'image dans leur mémoire. Elles m'en ont souvent fait la description. C'était vraisemblablement une très belle chose. Nos sculpteurs de pierre du quinzième siècle étaient des artistes ingénieux et très personnels. Il est bien regrettable qu'un tel chef-d'œuvre ait disparu. De mon temps, il n'y avait plus à la place où il s'éleva qu'une dalle en marbre rouge que je me souviens d'avoir vue. Ma mère avait sa chaise tout à côté, au pied de la chaire. Cette dalle fut enlevée depuis, quand on conçut le projet de rétablir le monument ; et l'on pratiqua des fouilles, dans l'espoir de découvrir des reliques. Croiriez-vous que l'on ne trouva rien ! Cela est à l'honneur de la probité toute bretonne de nos ecclésiastiques... Des prêtres italiens eussent infailliblement découvert quelque chose.

« Par un respect peut-être trop scrupuleux de la tradition, on a édifié le nouveau cénotaphe sur l'emplacement de l'ancien. Je le déplore. Où il est, il manque d'air et de lointain. En tout autre lieu, dans le « chœur du Duc », par exemple, il eût fait meilleure figure. Il serait du moins à souhaiter qu'à l'aide d'un fond approprié, de couleur sombre, on lui permît de ressortir davantage [1].

« Je déplore aussi que, dans la galerie des personnages qui font cortège à la statue de saint Yves, on ait omis ce bon Jehan de Kergoz qui fut son mentor, le plus vigilant de ses amis. J'ai visité autrefois, dans un vieux manoir de Kerborz, la salle où ils étudièrent ensemble, Jehan faisant l'office de répétiteur. Quand vint l'heure du départ si redouté des mères bretonnes, du départ pour Paris, c'est à Jehan de Kergoz que dame Azou du Quinquiz confia son fils, avec les plus minutieuses recommandations. Il prit sa tâche

[1] V. la description que M. de la Borderie a donnée du tombeau. On sait d'ailleurs les beaux travaux que ce savant a consacrés à la mémoire du saint.

au sérieux et conduisit Yves, comme par la main, jusqu'à l'âge d'homme. Vous savez que celui-ci mourut prématurément. Jehan s'obstina à vivre jusqu'à ce qu'il lui eut été donné d'assister à la canonisation de son élève. Il vint déposer à l'enquête, et ce dut être, j'imagine, un très beau spectacle. Il avait plus de quatre-vingt-dix ans ; néanmoins, il parla avec un enthousiasme si juvénile que, non content de convaincre son auditoire, il le fit pleurer. C'est dans cette attitude qu'il eût fallu le représenter sur une des faces du tombeau. Je l'y ai cherché en vain. C'est une lacune fort regrettable. »

... Je reproduis avec une fidélité textuelle les termes de la causerie. Quant au reste, hélas ! — quant à cette grâce à la fois si simple et si subtile dont il parait les moindres choses, le prestigieux conteur en a emporté le secret.

J'étais à Tréguier, le lundi 8 septembre, deuxième jour du *Triduum*. Le contraste était saisissant, de ces vieilles rues engourdies depuis des siècles dans une somnolence de cloître, et de ces longues foules sinueuses et grouillantes, labourées de profonds remous. Le dirai-je ? L'éclat même donné à ces fêtes froissa dès l'abord ma religiosité bretonne. Il y avait là trop de mise en scène, une orchestration trop savante, trop de curieux aussi, trop de « blagueurs », trop de photographes. Notre race a des pudeurs jalouses, surtout quand il s'agit du plus intime d'elle, de ces exquises dévotions surannées où elle se réfugie et se complait. Sous d'âpres dehors, elle est discrète, fine ; l'ostentation l'effarouche. A ses pardons habituels vous n'entendrez guère que des sons voilés de tambours et le sifflet pastoral des fifres. Le tintamarre des cuivres bouleverse l'harmonie de son rêve intérieur qu'elle ose à peine se murmurer à elle-même. Pour moi, tout ce bruit me choquait d'autant plus, en cette circonstance, que je savais de quelle réserve délicate s'enveloppe au pays de Tréguier le culte de saint Yves.

Dès les premières nuits de mai, alors que, selon la jolie expression locale, le ciel *s'ouvre*, semble planer de plus haut sur la terre, l'usage est de se rendre au Minihy par la route obscure et odorante, bordée d'aubépines en fleurs. On se réunit après souper, par groupes, au pied de l'immense calvaire qui marque l'entrée de l'asyle, de l'*ager* sacré. C'est à la fois une promenade et une procession ; on chemine à pas lents, sous les étoiles ; l'air est doux, traversé de senteurs balsamiques ; nulle croix en tête, pas de clergé ni de chantres. Le silence est de rigueur. Les prières s'exhalent en un vague chuchotement qui ne trouble point la paix des choses. C'est comme un défilé d'ombres dans la nuit. Les vieilles citadines, aux délicieuses cornettes d'autrefois, étouffent leurs pas menus dans des chaussons de ouate, les mains dissimulées sous l'ampleur des manches, à la façon des nonnes. Le long des douves, d'intervalles en intervalles, des mendiants sont accroupis, manchots, culs-de-jatte, aveugles, lépreux, la plupart agitant des torches qui avivent leurs plaies de larges reflets sanglants, — tous, clamant et se renvoyant de l'un à l'autre, avec un singulier mélange de cabotinage et de sincérité, la mélopée tragique de leur misère. D'aucuns ont les genoux comme incrustés dans le sol. On les prendrait, à leur immobilité, pour des statues. D'autres sont debout, la tête rejetée en arrière ; et dans le blanc de leurs yeux convulsés se réfléchit par instants la lueur des astres. D'autres encore montrent d'un beau geste toute une smala endormie autour d'eux, des chérubins crépus couchés à même dans l'herbe du fossé et sur qui veille une chandelle de suif avec une fougère pour support. Et les lamentations éclatent, voix rauques de vieillards, glapissements aigus de femmes... *En hanô sant Erwan !... En hanô sant Erwan !...* (1) L'aumône versée, la plainte s'apaise, et le silence redevient profond. Durant tout le trajet, les pèlerins n'échangent pas une parole. C'est le *pardon mut*, le « pardon taciturne », une des formes les plus usitées de la dévotion bretonne.

Une population qui entend de la sorte la piété n'est guère faite — on en conviendra — pour goûter les manifestations pompeuses, toujours un peu mêlées et discordantes.

« — *Ma Doué !* » murmurait auprès de moi une

(1) Au nom de saint Yves ! Au nom de saint Yves !...

paysanne de Louannec, « comment prier au milieu de tout ce bruit ? »

Il y avait là des milliers de gens qui pensaient comme cette paysanne.

Qu'on ne m'accuse pas au moins d'incriminer en bloc, par esprit de dénigrement, ces fêtes que l'opinion générale s'accorda à trouver « réussies » et dont quelques épisodes — le feu d'artifices mis à part — eurent un caractère d'incontestable beauté. Telle, entre autres, cette veillée des fidèles dans la cathédrale, pendant la nuit du lundi au mardi. Une chose très bretonne, celle-là, très impressionnante aussi. Lorsque je pénétrai à l'intérieur de l'église, il était une heure avancée. Malgré la fraîcheur nocturne et les courants d'air qui s'engouffraient par les portes ouvertes, on respirait une tiédeur fade, l'haleine épaissie de la multitude prosternée là et sommeillant à demi, en des poses d'hébétement et de lassitude. Les lourds piliers montaient, humides, moussus, pareils à d'immenses troncs d'arbres balançant là-haut sous les voûtes, au vacillement de quelques cierges, de mystérieuses frondaisons d'ombre.

Une oraison éparse, continue, monotone, rôdait à travers le silence, courait comme un vol de bourdon sur toutes les lèvres, peut-être même sur celles des évêques de pierre couchés, les mains jointes, sous le cintre bas des enfeux. Dans toute cette obscurité confuse et chuchotante, une seule chose lumineuse : le « tombeau », — sorte de catafalque blanc, vivement éclairé par une forêt de cires ardentes et où reposait, blanche aussi, de l'étincelante blancheur du marbre, l'image funéraire de saint Yves. Le long de la grille qui entoure le monument, c'était un perpétuel glissement de silhouettes fantômatiques, dans un bruit de prières et de chapelets égrenés. Soudain, une voix isolée, une voix d'homme, large et pleine, entonna, sur l'air d'une vieille complainte guerrière [1], un cantique en langue armoricaine composé par un prêtre de l'endroit : [2]

N'hen eus ket en Breiz, n'hen eus ket unan,
N'hen eus ket eur Zant evel sant Erwan...

---

(1) La *gwerz* de « Lézobré ».
(2) Le chanoine Le Pon.

> Il n'y a pas en Bretagne, il n'y en a pas un,
> Il n'y a pas un saint comme saint Yves.

Cela fit l'effet d'une diane dans la cour d'une caserne endormie. Un grand frisson secoua la foule. Les plus engourdis sursautèrent. Un chœur formidable se mit à répéter chaque verset à la suite du chanteur. Ce fut une clameur folle, éperdue, dont toute la cathédrale vibra. Les cierges eux-mêmes, comme ranimés, brûlèrent d'une clarté plus joyeuse. Puis, les voix s'éteignant, tout s'assombrit de nouveau ; et l'on ne vit plus de lumineux au fond de la nef que le blanc cadavre de saint Yves, veillé par un peuple de pauvres gens...

Le lendemain, dans une flambée de soleil, à l'issue de la grand'messe, les processions débouchaient du porche. Vingt paroisses étaient là, clergé en tête, et tous les évêques bretons, successeurs des Pol, des Brieuk, des Tudual, et tous les béguinages de la vieille cité monacale, les coiffes rabattues sur le visage, les yeux décolorés et craintifs. Les cloches se mirent en branle, non seulement celles de la cathédrale et des couvents voisins, mais celles encore des bourgs les plus rapprochés, de Plouguiel, du Minihy, de Trédarzec, de Kerborz, si bien que cela roulait et retentissait dans tout l'espace comme les grandes houles ondulées d'une mer sonore. Le défilé commença. Entre deux rangs d'oriflammes, se balançaient à des hampes aussi solides que des mâts les bannières splendidement ouvragées des paroisses, les unes toutes neuves et comme constellées, les autres, plus vénérables, étalant avec une sorte de gloire leurs ors délustrés et leurs broderies éteintes. Sur la plupart se détachaient presque en relief les lourdes images des saints du Trégor. On lisait les noms au passage : Trémeur, Tryphine, Coupaïa, Bergat, Sezni, Guennolé, Gonéry, Liboubane, toute une litanie barbare que les « étrangers », accourus en amateurs des villégiatures de la côte, s'efforçaient en vain d'épeler. Devant le crâne d'Yves Héloury, enchâssé dans un magnifique reliquaire, marchaient six pages vêtus de jaune et de noir, aux couleurs du saint, et portant sur la poitrine les armes de Kervarzin, quatre merlettes sur champ d'or. Derrière venaient les prélats, les prêtres ; la foule suivait, chantant — sur le ton du vieil hymne de guerre — le cantique de « sant Erwân ». Et c'était assurément très beau.

On fit, en cet appareil grandiose, le tour des rues de Tréguier. Mais, au grand étonnement des fidèles, on ne s'engagea point sur les terres du Minihy, on n'alla pas rendre visite à saint Yves dans sa vraie « maison ». Je me plais à croire que ce fut par respect pour de certaines convenances que les Bretons ont coutume de formuler dans cet adage : à chaque pays son pardon.

V

Il n'y en a qu'un qui soit proprement le pardon de saint Yves : c'est celui qui se célèbre au Minihy, dans la journée du 19 mai.

... Nous demeurions, en ce temps-là, à Penvénan — un gros bourg triste sur un plateau dénudé, coupé de talus broussailleux, entre le Guindy et la mer. La commune est vaste. Dans l'intérieur, vivent des laboureurs aisés, semeurs de froment et pasteurs de troupeaux. Quelques-uns sont riches, ont des fermes spacieuses bâties en pierres de taille comme des manoirs. Il n'en est pas de même des clans de pêcheurs, disséminés le long du littoral. L'aisance est à peu près inconnue dans ces hameaux. Les hommes en sont absents pendant cinq et six mois de l'année, presque tous occupés aux campagnes lointaines et périlleuses de Terre-Neuve ou d'Islande. Beaucoup ne reviennent jamais. Leurs familles tombent dans la détresse, vont grossir la bande des « chercheurs de pain ». On sait d'ailleurs qu'en Bretagne ce n'est pas une honte de mendier, si même ce n'est pas un honneur. Les misérables, comme les fous, sont tenus pour des êtres sacrés. Qui leur manque de respect encourt la damnation éternelle. Aussi les traite-t-on avec les plus grands égards ; ils ont partout leur écuelle dans le dressoir, leur pailler sous la grange ou dans l'étable. Au pays de Tréguier ils forment une espèce de corporation et s'intitulent eux-mêmes, non sans orgueil, les « clients de saint Yves ». Quand sa fête approche, infirmes et loqueteux se redressent dans leurs haillons, font sonner allègrement leurs béquilles :

« — Voici notre pardon, » disent-ils, « — *pardonn ar bèwien,* le pardon des pauvres ! »

Je voudrais esquisser en quelques lignes la physionomie de l'un de ces clients du saint, le plus honnête homme peut-être que j'aie connu. On l'appelait Baptiste tout court, comme s'il n'eût jamais eu d'autre nom. Il habitait, sur la route de Lannion, une masure à laquelle il ne manquait guère que des murailles et un toit. La pluie et la neige y avaient leurs libres entrées, et le vent s'y installait comme chez lui. Les chats sans domicile pullulaient dans les recoins, indépendamment de quantité d'autres bêtes. Quand on en plaisantait Baptiste, il vous répondait avec une philosophie tranquille :

« — *Dûman ê ty an holl !* » (Chez moi, c'est la maison de tout le monde).

Il avait des idées très particulières sur l'hospitalité. C'était un sage, à la manière des Cyniques, professant pour les réalités extérieures une sereine indifférence, n'attachant de prix qu'aux choses de l'âme. Cependant il tenait beaucoup à sa pipe, et son front se rembrunissait dès qu'il n'avait plus de quoi fumer. Un petit verre d'eau-de-vie de temps en temps n'était pas non plus pour lui déplaire. Mais, voilà tout. Nulle autre passion ne troubla ce cœur simple. Il entra dans la tombe aussi pur qu'au sortir de son berceau d'enfant. Il mourut aux abords de sa quatre-vingtième année, une nuit de verglas, sans un témoin, sans un cri, « s'étant lui-même fermé les yeux », selon l'expression de la voisine qui la première s'aperçut de sa mort. Quand on lui retira ses vêtements, on trouva dans ses poches, outre sa pipe et sa blague, un vieux morceau de lettre qu'on ne put déchiffrer et, sur sa maigre poitrine velue, un scapulaire. Quelques jours auparavant, il avait accosté mon père dans la rue.

— « Je compte sur vous pour me *prêter* un drap, lorsque le moment sera venu de m'ensevelir. »

Il ne doutait point d'être un jour à même

de le rendre, dans l'autre monde. Ainsi les anciens Celtes se fixaient des échéances par delà le terme de cette vie. Baptiste différait en ceci des pauvres gens ses confrères : non seulement il ne demandait pas l'aumône, mais il la repoussait, avec une colère mal contenue, si gracieusement qu'elle lui fût offerte. Là-dessus il était intraitable. Il prétendait que le pain qui n'a pas été gagné étouffe qui le mange. En descendant, le matin, je le trouvais souvent installé dans l'âtre de la cuisine, et fumant. Il avait un sentiment inné de la délicatesse, prenait toujours prétexte de sa pipe à allumer ou d'une nouvelle à dire pour entrer dans les maisons. Encore fallait-il qu'il eût en sympathie les hôtes. Moi, il m'aimait pour les choses que j'aimais, — pour tout le passé breton dont je tâchais dès lors à rassembler les reliques. Quant à mes parents, il ne connaissait dans son entourage personne qui leur fût comparable. En quoi il avait bien raison, l'excellent homme !... J'allais à lui, nous nous serrions la main, et l'on causait... Survenait ma mère qui le priait à déjeûner « sans façons ».

— « Au cas où vous auriez quelque besogne à

me donner, oui ! sinon, vous savez que c'est non ! »

Il y avait toujours « quelque besogne » en réserve pour Baptiste. On lui gardait de préférence celles qui paraissaient exiger beaucoup de force, comme de transporter du fumier ou de fendre du bois. Il s'en acquittait avec une inhabileté charmante, le pauvre vieux ! Mais c'était une âme douce, prompte aux illusions. Il se persuadait de bonne foi qu'il avait fait merveille, et mesurait la qualité de son travail à la sueur ruisselante sur ses joues évidées.

« — Vous vous fatiguez trop, Baptiste, » lui disait ma mère. « Nous vous tuerons dix ans plus tôt ».

Ce compliment le touchait aux moëlles ; il rayonnait. Nous le faisions asseoir à table, au milieu de nous, comme c'est l'usage dans les anciennes demeures bretonnes. Il avait très faim — ne goûtant pas au pain tous les jours — et cependant il fallait le forcer à manger. Que de fois, à son insu, nous lui avons empli les poches ! Sa conversation était des plus intéressantes. Il avait vu « vivre beaucoup de monde et passer beaucoup de choses. » Des trésors de connaissances populaires accumulées roulaient pêle-mêle dans sa mémoire, ainsi que les galets sur la grève à l'heure de la marée montante. Je pillais dans le tas, à la façon des ramasseurs d'épaves...

Un soir, il se montra sur notre seuil, décemment vêtu de haillons presque propres.

« — Voulez-vous assister au *pardon des pauvres* ? » me demanda-t-il. « Je suis attendu chez le fermier de saint Yves, — mon ami Yaoulank, — à qui j'ai rendu quelques services. »

L'aubaine était des meilleures. Je m'empressai d'accepter.

Déjà, au cours de l'après-midi, j'avais cru remarquer que le bourg était plus animé que de coutume. De tous les petits chemins de grève débouchaient des troupes de mendiants. Hommes, femmes, enfants, ils traversaient la place, sans s'arrêter, sans même jeter un regard aux portes des maisons, puis tournaient à l'angle de la route de Tréguier où ils disparaissaient, entre les haies des ajoncs reverdis.

Nous prîmes la même direction. Il était près de sept heures : derrière nous, du côté de Perros, le soleil à son déclin ressemblait à la gueule embrasée d'un four. Sur nos têtes, de petites nues floconneuses, blanches comme une laine qui sort du lavoir, dormaient au fond du ciel, suspendues et immobiles. Quoique ses jarrets eussent fléchi sous le poids de l'âge, Baptiste ne laissait pas de cheminer d'une allure assez ingambe. Comme je lui en faisais l'observation :

« — Qui naît pauvre doit avoir bon pied, » me dit-il, dans la forme sentencieuse qui lui était habituelle. « Ce n'est pas sans raison qu'on appelle les gens de ma sorte des *baléer-brô*, des batteurs de pays. Le pain ne venant pas à nous de lui-même, force nous est d'aller à lui, et c'est un métier où il faut des jambes... ou des béquilles, » ajouta-t-il, en me montrant un éclopé qui se tortillait, un peu en avant de nous, entre ses deux piquets de bois.

Baptiste continua :

« — Les livres vous ont sans doute appris quel marcheur était saint Yves, notre patron. »

« — Apprenez-le moi, *parrain* ; les livres ne parlent point de ces choses. »

« — De quoi parlent-ils donc ?... En tout cas, voici. Quand Yves fut d'âge à fréquenter l'école, ses parents se trouvèrent fort embarrassés. Il n'y avait pas à cette époque, dans toute la région du Trégor, un seul maître qui fût digne de lui donner des leçons. A Yvias [1], il y en avait un, très savant. Mais c'était là-bas, au fin fond du Goëlo, à huit lieues du Minihy. Et Azou du Quinquiz ne voulait mettre son fils en classe qu'à la condition qu'il prendrait tous ses repas au milieu des siens et qu'il rentrerait coucher au logis, chaque soir. L'idée de se séparer de lui complètement lui était trop cruelle. D'autre part il importait de le faire instruire au plus vite, pour qu'il devînt un grand saint. Yves s'aperçut que sa mère avait de longues heures de tristesse et finit par lui demander la cause de son chagrin.

« — Ce n'est que cela ! » s'écria-t-il. « Ficelle-moi mon abécédaire et mon catéchisme. Demain matin,

---

[1] Cette légende est probablement née d'un rapprochement établi par la logique populaire entre le nom d'*Yves* et celui d'*Yvias*.

à la première aube, je partirai pour Yvias — et sois tranquille — avant midi je serai de retour. »

On le laissa faire à sa tête. Il se mit en route pour Yvias, portant sur l'épaule son petit paquet de livres noué d'une ficelle. Il était déjà à sa place dans son banc, quand les autres écoliers arrivèrent. Il y demeura sans bouger, bien attentif et bien appliqué, jusque vers onze heures et demie. A ce moment il se leva.

« — Qu'avez-vous donc ? » lui demanda le maître. »

« — Il est temps que je parte. J'entends le pas du sacristain du Minihy montant les marches de la tour, pour aller sonner l'Angelus. »

« — Cela n'est pas possible. »

« — Mettez votre pied sur le mien. Vous entendrez comme moi. »

L'angelus de midi n'avait pas fini de sonner que le jeune saint était de retour auprès de sa mère, dans la grande salle de Kervarzin. Ce fut, dit-on, son premier miracle ; deux années durant il le renouvela deux fois par jour. »

VI

Nous n'avions, ni Baptiste, ni moi, les ailes invisibles d'Yves Héloury. Le crépuscule tombait, comme nous en étions encore à grimper le raidillon qui permet de joindre le chemin du Minihy, sans passer par la ville. Nous n'échangions plus guère que de rares paroles. L'ombre invite au silence. J'éprouvais cette vague angoisse qui vous pénètre le cœur, à mesure que la tristesse grise du soir envahit les choses, comme un mystérieux avertissement que tout doit finir. Soudain, au sortir d'une brèche, la silhouette — découpée sur le sol — d'un haut clocher solitaire et veuf de son église se profila jusqu'à nos pieds. C'était la tour Saint-Michel. Nous nous attendions, certes, à la trouver là, debout sur cette échine de pays, dans son enclos jonché de ruines ; mais l'apparition du fantôme de pierre fut si subite qu'elle nous impressionna comme une rencontre de mauvais augure ; machinalement, nous pressâmes le pas. Des corbeaux, perchés dans les trous de la flèche, croassaient pour appeler les retardataires de la bande, en secouant leurs longues ailes noires qui, dans l'atmosphère trouble du crépuscule, nous paraissaient démesurées.

« — Hâtons-nous ! hâtons-nous ! » murmura Baptiste.

Ce lui fut une occasion, quand nous eûmes perdu de vue le clocher sinistre, de me raconter sa légende.

Ceci se passait peu d'années après la mort d'Yves Héloury. Déjà les pauvres, ses protégés, avaient fait de son bourg natal un lieu de pèlerinage. Ils y venaient comme aujourd'hui de toutes parts, en très grande dévotion, et ceux d'entre eux qui habitaient l'*armor* traversaient nécessairement pour s'y rendre les terres de Saint-Michel. Or, Saint-Michel était en ces temps une espèce de villégiature de nobles. Les gentilshommes de Tréguier y avaient presque tous leur maison de campagne où ils s'installaient avec leur famille pendant la belle saison, depuis la mi-avril jusqu'au commencement d'octobre. Afin que leurs dames trouvassent la messe à leur porte, ils avaient édifié à frais communs une magnifique église qui, bâtie sur un point culminant, dominait de très-haut les clochers d'alentour — y compris la cathédrale même (à laquelle elle n'avait, dit-on, rien à envier pour la splendeur). Et quant au desservant, il avait été stipulé qu'il devrait, lui aussi, être de grande race. Bref, on ne vivait dans ce terroir qu'entre seigneurs. On y menait d'ailleurs joyeux tapage. Ce n'étaient, tous les jours que Dieu fait, que chasses à courre, sonneries de trompes, bombances, beuveries, ripailles et ribaudailles. Vous pensez bien que ces gens-là n'avaient souci de saint Yves ni de ses pauvres. Lorsqu'ils virent que ceux-ci se mettaient à faire passage à travers leurs halliers et leurs champs, ils en conçurent de l'émoi.

« — Laisserons-nous donc ce peuple en guenilles troubler nos plaisirs par le spectacle ambulant de sa misère ? »

Conseil fut tenu. Et, à quelque temps de là, des crieurs firent assavoir dans les paroisses que les vingt ou trente domaines sis en Saint-Michel seraient frappés dorénavant d'un droit de péage et qu'il serait perçu un « sou jaune » par personne et par tête. Faute du paiement duquel, le délinquant encourrait telle peine qu'il plairait à « messeigneurs » de lui appliquer. Exiger d'un va-nu-pieds l'impôt du pièce d'or ! Vous voyez ce que cela avait de drôle. Lesdits seigneurs rirent beaucoup de l'invention. Mais ce n'est pas tout de rire, si l'on en croit le proverbe ; il faut avoir chances de rire longtemps. Les gentilshommes de Saint-Michel en firent l'expérience, et elle leur coûta cher.

Un an, deux ans, tout alla bien. L'édit avait porté. Les pauvres faisaient un grand détour et « passaient au large ». Saint Yves sans doute n'était pas très content de cette façon d'en user avec les siens, mais attendait que le moment fût venu de manifester sa juste colère. Ce moment se présenta. Un malheureux aveugle s'égara un jour dans les sentiers prohibés. Des gardes se saisirent de lui et l'amenèrent devant l'assemblée des seigneurs.

« — Ah ! ah ! » s'écrièrent ceux-ci, « nous en tenons donc un !... Où allais-tu ainsi, vagabond ? »

« — A Saint-Yves, vénérables sires. Puissent ses bontés être sur vous ! »

« — Tu as été pris traversant nos terres. Tu vas payer l'amende ! »

Pour toute réponse, l'aveugle retourna ses poches qui étaient en lambeaux et d'où tombèrent seules quelques miettes de pain d'orge. Les seigneurs firent un signe aux gardes. L'instant d'après on hissait le pauvre homme dans le clocher et on l'amarrait à l'arbre en fer de la croix, au sommet de la flèche.

« — Prie saint Yves qu'il te rende la vue, » lui dirent ses bourreaux. « Tu es à la meilleure place pour contempler son pardon. »

Ils n'avaient pas fini de parler que le ciel devint d'un noir d'encre. Une obscurité épaisse enveloppa le monde, comme au jour où mourut le Christ. Et, du ventre des nues, s'élancèrent des serpents de feu. En un clin d'œil l'église, les manoirs, les bois, les cultures, tout fut dévasté, incendié, réduit en cendres. Seule la flèche fut épargnée, parce qu'elle portait le corps martyrisé du vieillard. On dit même, au sujet de celui-ci, que des mains invisibles dénouèrent ses liens, et qu'il se retrouva, sans qu'il sût comme, cheminant sain et sauf dans la direction du Minihy. Quant aux gentilshommes de Saint-Michel, il ne resta d'eux aucun vestige, si ce n'est leurs âmes qui, transformées en corbeaux, sont condamnées à voler sinistrement, jusqu'au jour du Jugement dernier, autour du clocher solitaire.

« — *Doue da bardona d'an Anaon !* » (Dieu pardonne aux défunts !) conclut Baptiste, en se signant au front, aux lèvres et à la poitrine.

Nous entrions dans le bourg du Minihy. L'ouverture de l'unique rue donnait sur une échappée de campagne dévalant en pente douce vers la berge goëmonneuse du Jaudy. L'eau de la rivière brillait au bas, d'une lumière froide, sous le calme firmament nocturne. Nous longeâmes le cimetière où des pèlerins circulaient en silence. Par la baie du portail, le regard plongeait dans l'église, suivait une avenue de cierges qui allait se rétrécissant et comme s'éclairant à mesure… Où nous étions maintenant il faisait très sombre ; des arbres au feuillage épais, des châtaigniers peut-être, formaient voûte au-dessus de nous, et, les branches s'abaissant jusqu'aux talus qui bordaient la route, on marchait à tâtons comme dans le noir d'un souterrain. Tout à coup des abois de chiens, un grand bruit de voix, et la vive lueur d'une flambée d'ajoncs secs. Nous franchissions le seuil du manoir de Kervarzin.

« — Y aura-t-il logement pour deux pauvres de plus, s'il vous plaît ? » clama Baptiste d'un ton enjoué.

La vaste cuisine était déjà pleine de mendiants, — d'aucuns debout, adossés à la demi-cloison en planches qui garantit du vent de la porte le foyer des fermes bretonnes ; — d'autres accroupis un peu partout sur le sol de terre battue, ou assis, les genoux au menton, sur un petit banc qui courait le long des meubles, d'un bout à l'autre de la pièce.

Aux paroles de Baptiste, un paysan à la chevelure bouclée et grisonnante, à la mine joviale, se leva de l'âtre et s'avança vers nous.

« — As-tu jamais entendu dire qu'on ait refusé un pauvre à Kervarzin la veille du pardon de saint Yves béni ? » prononça-t-il avec une gravité souriante, sans ôter sa pipe de la bouche et en serrant la main que Baptiste lui tendait. « Il n'y a pas que les pauvres à être les bienvenus chez moi », poursuivit-il, quand je lui offris la main à mon tour et que mon introducteur m'eût nommé ; « votre père a pu vous dire que chez le Yaouank-coz [1] il y a toujours pour les amis une soupe aux crêpes chaude et un franc verre de cidre. » Il avait les manières d'un gentilhomme, ce paysan. Je dus accepter son fauteuil de chêne, à l'angle du foyer. Qu'il y faisait bon, devant la claire flamme qui montait, montait, illuminant toute la cuisine, balayant d'un rouge reflet les battants cirés des armoires, transfigurant la face des gueux, éveillant comme une joie d'être sur leurs traits flétris et dans leurs yeux morts !... Au crochet de la crémaillère une marmite énorme

---

[1] C'est ainsi qu'on avait coutume de l'appeler par un jeu de mots auquel son nom prêtait : *Yaouank* en breton veut dire *jeune*. *Yaouank-coz* équivaut à « le jeune-vieux. »

était suspendue ; lorsque la servante en soulevait le couvercle, il s'en échappait des jets de vapeur blanche et une succulente odeur de lard cuit se répandait dans l'air. — La table était surchargée d'écuelles ; un garçon de labour achevait de les emplir de crêpes de blé noir qu'il rompait en les tordant entre ses poings.

« — Allons, gars ! » cria le père Yaouank, « la soupe est prête. »

Comment rendre cette inexprimable scène qui vous rejetait en plein Moyen-Age, au fond de quelque « Cour des Miracles » ? Au silence relatif qui avait régné jusque-là parmi ces gens, harassés pour la plupart et heureux de se laisser engourdir au bien-être réchauffant d'une maison cossue, succéda brusquement un tumulte, une mêlée, une bousculade accompagnée de cris, de jurons même et de horions, tout le monde se précipitant à la fois vers la table et chacun s'efforçant d'attraper le premier son écuelle. Les infirmes surtout faisaient rage, fourrageaient avec leurs béquilles dans les jambes des valides. Un cul-de-jatte, à demi écrasé, beuglait, agitant désespéremment un bras démesuré terminé par une patte immense. Les aveugles trébuchaient, les mains en avant, — roulaient leurs prunelles éteintes. Et Yaouank-coz regardait ce spectacle, avec sa pipe au coin des lèvres, tranquille, l'air amusé.

« — Maintenant, à tour de rôle ! » commanda-t-il, en barrant de son grand corps l'accès de la cheminée ; « quiconque fera du désordre passera le dernier ! »

Le calme se rétablit ; la « procession de la marmite » commença. Les gueux s'approchaient un à un et présentaient leur écuellée de crêpes que la servante arrosait de bouillon. A la clarté de l'âtre, je les dévisageais. Oh ! les étranges têtes que j'ai vues là ! Celles-ci, grosses, gonflées, avec des meurtrissures bleuâtres, pareilles à des melons d'eau ; d'autres maigres, d'une maigreur ascétique, visages pétrifiés de morts, toute la vie s'étant réfugiée dans la mobilité fébrile des yeux ; d'autres, dures et frustes, aux énergiques profils de forbans ; et il y en avait aussi d'exquises, — j'entends parmi les femmes, — d'une adorable mélancolie d'expression, d'une pâleur délicate et souffrante. Il me souvient d'une entre toutes : type pur de madone, une grâce mystique répandue sur ses traits fins, je ne sais quelle suavité dans la démarche. On eût dit un être immatériel. Ses pieds nus, bronzés au soleil des grand'routes, effleuraient à peine le sol. Elle avait de longues paupières, de très longs cils. Quand elle passa près de moi, je vis qu'elle portait au cou des traces de scrofule. Je demandai son nom à Baptiste.

« — C'est une *innocente*. Elle est de Pleumeur. Il paraît qu'elle tombe du haut mal et que, pendant six mois de l'année, son corps n'est qu'une plaie... »

On n'entendit bientôt plus que le bruit des cuillers de bois râclant le fond des écuelles ; la soupe avait été avalée en quelques lampées. Le maître de maison — le *penn-tiégéz* — s'agenouilla sur la pierre du foyer et se mit à réciter l'oraison du soir ; les mendiants donnaient les répons, dans un bredouillement un peu confus, d'une voix ronronnante et ensommeillée... En face de moi, de l'autre côté de l'âtre, se dressait un lit clos, avec son ouverture étroite comme une lucarne et ses petits rideaux de percaline à fleurs retenus par des embrasses. Là, dit-on, saint Yves eut sa couchette de paille et son oreiller de granit, durant la dernière période de sa courte vie, au temps qu'il était « official » de Tréguier avec résidence à Kervarzin, dans sa demeure familiale. Bercée au fredon des prières bretonnes, ma songerie évoquait tel autre soir de l'an 1292 où, — peut-être à pareille heure, — le bon saint, sur le point de prendre son repos, crut ouïr qu'on frappait à la porte. Il ne s'étonna point : son manoir n'était-il pas une auberge, secourable à tous les sans-gîte et à tous les sans-pain ?... Il ne lui vint non plus à l'esprit de héler sa vieille servante, qui dormait. Non. Il se leva lui-même, et, nu-pieds, alla tirer le verrou. (Est-il bien sûr qu'il y eût un verrou ?) La porte ouverte, une bouffée de vent entra, une bouffée de vent froid, chargé de pluie, et aussi la plainte lamentable d'une ribambelle de pauvres gens échoués sur le seuil, pitoyablement morfondus.

« — Vite, vite, mes enfants... Je vais rallumer le feu !... Venez ça, je vous attendais !... »

Certes, oui, il les attendait... D'où ils viennent ? Qui ils sont ? Combien ils sont ? Que lui importe !... Il me semble le voir s'agenouillant là, sur cette pierre où le père Yaouank murmure les *grâces*, et soufflant cette braise qui s'éteint, comme faisait tantôt la fille de ferme, et y jetant, comme elle, à pleines brassées, les gerbes d'ajonc roux qui flambent clair. Les pauvres gens se sont avancés : ils se sont assis sur les escabelles, aux deux coins de la cheminée, et leurs haillons fument à la douce chaleur, et leurs visages, ruisselants d'eau, tout bleuis de froid, s'éclairent et rayonnent, et leurs yeux échangent des regards qui disent :

« — Qu'on est donc bien chez ce brave homme !... »

Yves est allé au garde-manger, il a pris la tourte de pain blanc, un reste de porc et de bœuf salé, et il les apporte aux vagabonds pour qu'ils s'en régalent :

« — Rassasiez-vous, mes amis, rassasiez-vous ! »

Quand le pain, le porc et le bœuf ont été engloutis, le chef de la tribu nomade, un grand diable à la peau cuivrée comme un zingari, tient au saint ce discours, après s'être essuyé la bouche du revers de sa manche :

« — O le plus vénérable et le plus discret des hôtes, je serais le plus ingrat des obligés si, ayant reçu de toi cet accueil, je ne t'apprenais dès à présent quelle est notre condition. Peut-être, quand tu sauras qui nous sommes, nous rejetteras-tu à la nuit ténébreuse et à la pluie glacée. Ta bonne foi du moins n'aura pas été surprise.

« Je me nomme Riwallon. Priziac, aux confins de la Cornouailles et du pays de Vannes, fut mon lieu de naissance. De mon métier, je suis jongleur. J'excelle à *rimer* les sônes d'amour et les chants de guerre ; je n'ai point mon pareil pour mettre en action les vies des héros et les légendes miraculeuses des saints... Celle-ci est Panthoada, ma femme, la compagne dévouée de ma longue misère ; elle joue de la viole et dit la bonne aventure ; de plus elle connaît les vertus des herbes et l'art de guérir par oraison ; enfin elle sait distinguer entre les trois cents espèces de furoncles, et en quelle fontaine sacrée il y a remède pour chacune... Ceux-là sont mes deux fils, l'un souffle dans le biniou, l'autre dans la bombarde ; ils ont l'haleine puissante et le doigté sûr... Quant à ces deux jouvencelles, mes filles... »

Mais Yves a interrompu le jongleur. Il a vu qu'elles sont jolies, les jouvencelles, plus jolies peut-être qu'il ne sied à leur pauvreté, et il a vu aussi qu'une rougeur subite vient d'empourprer leurs joues pâles.

« — En vérité, homme, épargne-nous pour ce soir ces récits. Tes enfants, ta femme sont exténués ; toi-même, tu dois être bien las. Que la paix de Dieu soit avec vous dans votre repos ! Sachez seulement que cette maison est vôtre tant qu'il vous plaira d'y demeurer.. »

On sait qu'il leur plut d'y demeurer longtemps ; onze ans après, c'est-à-dire en 1303 — époque de la mort du saint — ils y étaient encore ! [1]

---

[1] Cet épisode de l'histoire de saint Yves a fourni à M. Tiercelin la matière de son beau poëme : *Les Jongleurs de Kermartin* (Caillière éditeur, Rennes).

VII

Les « grâces » terminées, Yaouank-Coz décrocha une de ces énormes lanternes que les rouliers ont coutume de suspendre à l'avant de leurs charrettes, et, l'ayant allumée, il m'invita à le suivre. La cohue des mendiants s'ébranla derrière nous. La nuit était d'un gris d'ardoise, criblée de menues étoiles. Nous traversâmes la cour. Les pas s'étouffaient dans le fumier mou dont elle était jonchée. Yaouank tenait le fanal élevé au-dessus de sa tête, criait : « Par ici !... Attention à cette mare !... » Des portes s'ouvrirent dans des bâtiments bas groupés comme les chaumières d'un hameau, et des souffles d'étuve nous frappèrent au visage. Nous étions auprès des étables. Les mendiants y pénètrèrent à la queue leu-leu, sans bruit; on y avait étendu pour eux une litière de paille fraîche. Les plus ingambes grimpèrent à l'échelle qui menait au grenier des fourrages. Les vaches, étonnées, meuglaient doucement. Du dehors, on voyait aller et venir tantôt dans le rez-de-chaussée, tantôt sous les combles, la grosse lanterne vigilante du vieux fermier; il ne se fiait qu'à lui-même pour s'assurer que chacun avait son gîte, admonestait celui-ci, installait celui-là, avait l'œil surtout à ce qu'il n'y eût point de promiscuités équivoques.

En rentrant au manoir, nous trouvâmes Baptiste dormant, les coudes allongés sur la table.

« — Si vous désirez en faire autant, » me dit notre hôte, « voilà mon lit... Oh ! vous ne m'en priverez pas. Je suis de quart jusqu'à demain... Je connais de longue date les pauvres que j'héberge : il n'y a pas de malhonnêtes gens parmi eux, mais il peut y avoir des imprudents. La tentation de la pipe est forte, et il suffit d'une étincelle pour causer un malheur... »

« — Je vous demande en ce cas la permission de veiller avec vous. »

« — Katik, fais-nous un feu de purgatoire,

qui nous réchauffe et ne nous brûle pas. Un peu de bois et beaucoup de mottes ! »

La servante exécuta prestement l'ordre du maître, puis s'alla coucher. Nous restâmes seuls, assis de part et d'autre du foyer, les pieds à la braise qui couvait sous un épais amas de tourbe. Le silence était vaste et bruissait néanmoins, comme si tous les grands souvenirs dont cette demeure est pleine y eussent tourbillonnné en vols mystérieux.

« — Voyons, Yaouank, » commençai-je, « est-ce vrai, ce que l'on m'a raconté ?... »

« — Vous voulez parler du « miracle de la soupe », n'est-ce pas ?... Ecoutez-moi bien : je ne suis pas un savant — tant s'en faut, — mais je ne suis pas un imbécile non plus... Non, là, franchement, je ne pense pas qu'il vienne à l'idée de personne de me prendre pour un imbécile... Or, ce à quoi vous faites allusion, je l'ai vu, vu avec ces yeux que j'ai dans la tête et qui sont ceux d'un homme qui voit clair... On a dit, je le sais, on a dit que j'étais soûl, ce soir là... Ce soir-là ! En vérité, autant dire ce soir !... Soûl !

Avec quatre-vingts gueux chez moi, comme aujourd'hui, roulés dans la litière de mes étables et dans le foin de mes greniers !... J'eusse donc été bête trois fois !

« Du reste, voici la chose, très simplement, comme elle s'est passée. Dix-huitième jour de mai, — la date où nous sommes. Toute la semaine il avait plu à verse, sans discontinuer. Les chemins, aux abords d'ici, n'étaient que fondrières : quant aux champs que traversent les sentiers de pèlerinage, l'herbe y nageait. Et, le matin, il pleuvait encore ; et, toute l'après-dînée, il plut, il plut à torrents. Ma ménagère — Dieu ait son âme ! car elle est morte depuis — se disposait cependant à apprêter le souper des pauvres dans le grand *pot-de-fer,* comme de coutume.

« — Oh ! » fis-je, « si tu m'en crois, tu ne mettras au feu que la petite marmite. Par ce temps-là nous n'aurons personne. »

« Je fus obéi. On ne mit au feu que la petite marmite, laquelle était à peine d'une capacité de vingt écuellées. A la tombée de la nuit, il avait paru trois hôtes, des gens du voisinage ; nous les invitâmes à s'asseoir à table, avec nous, et notre intention était de les garder aussi à coucher dans la maison. Déjà la servante avait poussé les verrous. On s'était groupé autour de l'âtre, et l'on devisait paisiblement en attendant de dire les *grâces*... Tout à coup : dao ! dao ! sur la porte.

« — Encore un, » pensâmes-nous, « à qui l'intempérie n'a pas fait peur ! »

« Ma femme courut ouvrir.

« — Jésus-Maria ! » s'écria-t-elle en joignant les mains, « comme il y en a ! Comme il y en a !... »

« Nous vîmes entrer un flot de monde. Et après ceux-ci, il en parut d'autres, puis d'autres encore. La cuisine fut bientôt pleine. Tous nos mendiants habituels étaient là, ceux de Pleumeur et ceux de Trédarzec, ceux de Penvénan, du Trévou, de Kermaria-Sulard... Et parmi eux beaucoup de figures inconnues, des pèlerins nouveaux venus du fin fond du pays, de Ploumilliau, de Trédrèz, et même de Plestin ! Ils faisaient pitié à regarder, trempés jusqu'aux os, avec des mines si lamentables ! Ah ! qu'un peu de bonne soupe chaude leur eût fait du bien !... Et voilà justement qu'il n'en restait plus... Quelques cuillerées peut-être... J'étais furieux contre moi-même. Mais aussi, est-ce que je pouvais prévoir !... Les pauvres gens tournaient vers la cheminée des yeux ardents. Je me levai et je leur dis :

« — Il ne faut point nous en vouloir : c'est la première fois que ceci nous arrive. Il faisait un temps si affreux que nous ne vous attendions pas. Je le regrette de tout mon cœur, mais nous n'avons pas préparé de soupe pour vous... »

« Une grande stupeur se peignit sur tous les visages, et il y eut un silence triste... Alors, un homme se détacha de la bande ; la buée qui s'élevait des hardes mouillées était si épaisse que je ne pus distinguer nettement ses traits. Il mit un pied sur la pierre de l'âtre, ôta le couvercle de la marmite, se pencha au-dessus, et prononça d'une voix ferme et douce :

« — Avec ce qui reste de bouillon, on peut toujours réconforter les plus malades. »

« Et, ayant dit, il se retira à l'écart. Sa parole nous en imposa. Ma femme se mit à tailler les crêpes dans les écuelles. Et les pauvres de défiler devant le foyer, — comme tantôt. La servante versait le bouillon à mesure. Un, deux... cinq... dix malheureux se présentèrent à tour de rôle ; la marmite semblait inépuisable. Vingt autres passèrent, et puis vingt autres ; la servante continuait à verser. Ma femme était devenue toute pâle d'émotion ; elle ne suffisait plus à sa tâche, si fort qu'elle se dépêchât ; un des valets dut lui venir en aide. Moi, j'éprouvais une sorte d'angoisse. Tous, nous avions le sentiment que nous assistions à quelque chose d'extraordinaire, de surnaturel, et nous retenions nos haleines, n'osant respirer. L'oppression du miracle était sur nous... Pas un pauvre, je vous l'affirme, ne s'alla coucher sans souper... Voilà ce que j'ai vu, il y a de cela aujourd'hui quinze ans...

« Quand je cherchai des yeux l'homme qui avait parlé, il avait disparu. Je demandai qui il était : personne ne le connaissait. Une vieille dit :

« — Comme je longeais le cimetière du bourg, je l'ai aperçu franchissant l'échalier, et, dès lors, il a marché à côté de moi. Deux fois il m'a tendu la main pour sauter des mares. Je crois bien qu'il portait une tonsure, car son crâne était tout blanc sous la pluie... »

« Elle n'ajouta rien de plus, mais chacun demeura convaincu que le mendiant étrange n'était autre qu'Yves Héloury, l'antique seigneur de ce lieu. Vous en penserez ce qu'il vous plaira. Mais, je vous le répète, voilà ce que j'ai vu. Et beaucoup d'autres sont vivants, qui pourraient en témoigner. »

Yaouank-coz heurta sa pipe à l'ongle de son pouce, pour en secouer la cendre, et parut s'absorber dans ses souvenirs. Je m'abstins, il va sans dire, de toute réflexion... Baptiste ronflait sur la table. Le balancier de l'horloge allait et venait avec de grands coups sourds, fendant l'heure, en quelque sorte, comme un bûcheron son bois. A force d'entendre ce bruit obsédant et régulier, je finis par m'assoupir à mon tour, la nuque appuyée au lit de Saint Yves, le cerveau hanté d'hallucinations confuses où des pauvres, amarrés à des flèches d'églises, mangeaient de la soupe en des écuelles d'or.

.... C'est dimanche. Les cloches du Minihy égrènent de jolis sons clairs. Le pâle sourire de l'aube argente le ciel. Groupés dans la cour, a l'entour du puits, les mendiants achèvent leurs ablutions matinales. Sur le toit du colombier, dans le courtil, des pigeons lustrent leurs ailes. Un garçon de ferme, les jambes nues, mène ses chevaux à l'abreuvoir. L'air est frais, léger, avec des transparences bleuâtres qui idéalisent toutes choses. Rien n'a dû changer dans cet horizon depuis les temps où y vécut saint Yves. La rivière dort, à marée haute, en une nappe d'eau blondissante, encadrée d'arbres nains dont la chevelure baigne dans le flot. Des côteaux se succèdent, et s'échelonnent, et fuient, tels que des houles de terres fécondes berçant des villages, des parcs, des vergers, de vastes cultures morcelées à l'infini. Dans la grise lumière des lointains, la silhouette du Goëlo s'estompe délicatement, hérissée de pins grêles aux panaches effrangés et flottants comme la fumée d'un vapeur qui passe.

.... A l'église. On vient de célébrer la basse messe ; l'air est imprégné de l'odeur des cires ardentes. De minuscules navires aux gréements compliqués pendent aux poutres. Des femmes prient, le front dans les mains ; beaucoup portent le manteau de deuil, d'étoffe noire, luisante, tombant à plis harmonieux. Quelques « pélerines » déguenillées rôdent le long des murs, avec de perpétuelles génuflexions et d'incessants signes de croix. Sur l'une des parois de la nef se lit le *testament* d'Yves de Kervarzin, où la paroisse du Minihy et les pauvres de toute la Bretagne figurent comme principaux légataires. Il fut transcrit là, dit-on, par les soins d'une pieuse demoiselle qui avait à expier un gros péché de jeunesse. [1]

Dans le cimetière, jouxte le grand portail, est une tombe sculptée, d'aspect modeste et sans inscription. Une ouverture en forme de voûte la traverse de part en part, dans le sens de la largeur. Les pèlerins s'y glissent en rampant sur les mains et sur les genoux. D'aucuns baisent à pleines lèvres la dalle funéraire. Quand ils se relèvent,

---

[1] Celui d'avoir représenté la déesse Raison dans un cortège officiel, à Tréguier, sous la Terreur.

ils ont la face souillée de boue, mais radieuse ; ils ont puisé à ce rude contact une sorte d'énergie sacrée ; la vertu vivifiante d'Yves Héloury a passé en eux. Car c'est ici qu'il repose, — n'en doutez point, — c'est ici que repose l'ami des pauvres qui voulut être enterré pauvrement. Ici seulement se peut respirer le parfum de son âme douce, dans cette atmosphère embaumée d'odeurs champêtres et de salure marine. Les gens de Tréguier lui ont édifié dans leur cathédrale un magnifique cénotaphe. Là iront prier les riches, ceux qui recherchent le luxe et les beautés factices de l'art jusque dans les objets de leur dévotion. Mais la foule des humbles ne désertera jamais les petits sentiers du Minihy. Toujours on les verra serpenter en longues « théories » pieuses et murmurantes vers la colline ensoleillée que baigne le Jaudy et où la grâce, la mansuétude de saint Yves sont restées comme empreintes dans le paisible sourire des choses.

Rumengol

LE PARDON DES CHANTEURS

Rumengol
Le Pardon des Chanteurs.

I.

Quand, sur l'injonction de Gwennolé, Gralon eût jeté à la mer le corps de sa fille suppliante, les flots qui venaient de noyer Is s'arrêtèrent, subitement calmés ; et le vieux roi se retrouva seul, avec le moine, sur le terre-plein où s'élève aujourd'hui l'église de Pouldahut [1]. Son cheval, vieux comme lui, tremblait de tous ses membres et haletait, la tête basse, les naseaux encore dilatés par l'épouvante.

[1] En français Pouldavid, près de Douarnenez.

Gralon caressa doucement son cou, lissa les poils de sa crinière souillés d'écume et enchevêtrés de goëmons. De tous les êtres qu'il avait aimés, c'était désormais le seul qui lui restât. La vie lui apparut vide et désenchantée ; il regretta de n'être point mort avec les autres. Le dernier cri de sa fille surtout le hantait, et ce long reproche désespéré qu'en la repoussant dans l'abîme il avait lu dans ses yeux. C'était donc vrai qu'il avait eu le courage de cette chose atroce ? Quoi ! de ses propres mains il avait noyé son enfant ? Il n'avait eu pitié ni de ses pleurs, ni de son effroi ? Elle se cramponnait à lui, si confiante, pourtant ! Elle l'implorait d'une voix si douce « Sauve-moi, père, sauve-moi ! »... Et il n'avait écouté que ce moine, cet homme de malheur !...

Gwennolé suivait sur le visage du roi les mouvements tumultueux de sa pensée.

« — Gralon, » dit-il sévèrement, « rends grâces au Dieu qui, par mon entremise, t'a conservé les jours de ta vieillesse pour travailler à ton salut éternel. »

Subjugué par le ton impérieux du moine, le

chef du clan de Cornouailles leva vers le ciel sa face vénérable toute baignée de larmes — et pria. Le vent apaisé du soir se jouait dans sa barbe blanche. Mais d'une détresse infinie son cœur était plein, et les paroles qui s'exhalaient de ses lèvres étaient navrantes comme des sanglots..... Dans les lointains gris de la mer le jour achevait de s'éteindre.

« — Viens ! » commanda Gwennolé.

Ils s'acheminèrent au pas de leurs montures du côté du septentrion. Ils gravirent d'âpres côtes hérissées de brousses, plongèrent dans des ravins peuplés de roches monstrueuses qu'on eût prises pour des troupeaux de bêtes d'autrefois, pétrifiées. Très vite ils avaient perdu de vue la mer, mais, à travers les grands embruns flottant derrière eux dans l'espace, ils perçurent longtemps sa chanson sinistre. Parfois, au milieu de ce bruit sauvage, un appel strident éclatait dans la direction du large. Gwennolé disait :

« — Ce sont les goëlands qui regagnent leurs nids. »

Gralon songeait :

« — Ainsi elle cria, quand je dénouai violemment ses bras nus, enlacés à mon corps ! »

Et, tout bas, il murmurait : Ahès ! Ahès !...

Ils marchèrent tant, que le meuglement des eaux n'arrivait plus jusqu'à eux. Mais leur souffle salé les enveloppait toujours, et il s'y mêlait un parfum d'herbes rares, une odeur que le vieux roi reconnaissait pour l'avoir respirée, la veille encore, dans les cheveux dorés de sa fille. Il se rappela le baiser qu'il avait coutume de déposer, le matin, sur son front frais et poli comme un jeune ivoire. Il se rappela aussi de quel air elle lui souriait, — et combien elle était caressante, la lumière qui brûlait au fond de ses yeux !... C'était maintenant une nuit épaisse. Les pieds des chevaux foulaient une mousse humide, en forêt, sous de hautes frondaisons noires, à peine ondulantes, comme figées dans l'horreur des mystères antiques que des druides y célébrèrent. Soudain, sur les confins de ce pays boisé, à la lucarne d'une hutte, une clarté brilla. Primel l'anachorète demeurait là, Primel qu'on disait contemporain du Christ.

« — Reposons jusqu'à l'aube à l'ombre de ce saint homme, » prononça Gwennolé. « J'ai l'espérance, ô roi, qu'un calme réparateur te viendra de lui. »

Celui dont le moine parlait en ce langage presque biblique était debout dans la cabane, et, à l'approche des deux voyageurs, il ne bougea pas plus que s'il n'eût point été vivant. Sa lourde robe de bure était comme incrustée dans sa chair. Le plissement rugueux de l'étoffe, les moisissures vertes dont elle était marbrée par endroits lui donnaient l'aspect d'une vieille écorce, et tout le corps de l'ermite se dressait, immobile et noueux ainsi qu'un tronc d'arbre. Sa tête semblait sculptée au-dessus, à coups de hache, par un artisan malhabile, un fabricant d'idoles barbares. Mais quelle vierge aux doigts divins avait filé ses cheveux d'argent, ses cheveux si ténus que les araignées se trompaient jusqu'à les insérer dans leurs trames ? De son cou partaient deux maîtresses-branches, qui étaient ses bras, étendus dans un geste de bénédiction, et sur qui le faîtage de la hutte s'étayait — eût-on dit — depuis des siècles. La plante de ses pieds nus s'aplatissait, collée au sol, et leurs ongles s'y enfonçaient, démesurés, tordus, pareils à des racines plusieurs fois centenaires. On racontait de lui qu'il vivait à la façon des arbres, des sucs de la terre et de l'air du ciel. On expliquait par là sa longévité. Jamais on ne lui avait vu prendre une autre nourriture. Les paysans d'alentour s'étaient même lassés de lui apporter en offrande des vases de lait et des quartiers d'agneau, parce qu'il laissait boire le lait aux oiseaux et dévorer les quartiers d'agneau par les loups. Il aimait d'un seul et immense amour toute la création, les hommes à l'égal des bêtes, et, parmi celles-ci, il ne distinguait pas les malfaisantes d'avec les bonnes. Chaque être, chaque chose représentait, selon lui, un élément d'ordre et de beauté dans l'univers de Dieu. Si vieux qu'il fût, son âme était demeurée limpide ; nulle expérience mauvaise n'y avait déposé son amertume. Il continuait à promener sur le monde le regard émerveillé d'un enfant. L'optimisme entêté de sa race s'épanouissait dans ses claires prunelles, aux orbites rondes et lisses comme ces trous que les piverts creusent dans l'épaisseur des chênes.

Gwennolé ; en entrant, se prosterna devant le solitaire, Gralon s'accroupit sur un amas de feuilles mortes que les premiers vents d'automne avaient balayées dans un coin de la hutte. A peine s'y était-il laissé tomber, qu'une torpeur étrange se répandit à travers ses veines, comme un calmant mystérieux. Jamais il n'avait éprouvé cette douceur de repos, pas même au temps où, après ses grandes chevauchées de guerre, il s'allongeait si voluptueusement sous les courtines de son lit de Ker-Is tapissé de fourrures de fauves. La douloureuse voix qui, depuis la catastrophe, gémissait en lui s'apaisa peu à peu, devint une sorte de chant vague, d'une lente mélancolie de berceuse, où son âme se fondait, attendrie et tranquillisée. C'était comme si, les yeux ouverts, il se fût regardé dormir.

Les deux saints — l'anachorète et le moine — échangeaient des propos qui semblaient les versets alternés d'une oraison. On eût dit un bruissement d'eaux courantes auquel eussent répondu des frissons de ramures. Dehors, les chevaux paissaient, sous les étoiles, sans piquet ni longe, à l'aventure. Par le cadre de la porte, on voyait sur les luzernes blanchies de givre leurs vastes ombres se mouvoir.

La nuit s'écoula, l'aube vint. Primel bénit ses hôtes et, s'adressant à Gralon, il dit :

« — Dorénavant, fils, lorsque tu te sentiras le cœur troublé par des tristesses intérieures, réfugie-toi dans la solitude éternelle des choses. Les bois surtout sont tendres à l'homme. Dieu en a fait des asiles sacrés où la paix habite, et l'harmonie du monde s'y révèle. »

...Au soir de cette journée, les voyageurs mettaient pied à terre devant l'abbaye de Landévennec bâtie au bord d'une grève verdoyante, à l'endroit où la rivière d'Aulne débouche dans la rade de Brest. Gwennolé y avait établi ses disciples, trouvant le lieu propice à la prière et à la méditation. La petite communauté formait une espèce de bourg, de colonie, semi-monacale, semi-agricole, chaque religieux ayant sa cellule à part avec un courtil, des fleurs et quelques ruches. Derrière le village, s'étageaient des collines blondes que le soleil du matin caressait de ses premiers feux et où ses derniers rayons s'attardaient longtemps. Les troupeaux paissaient là, épars sur les pentes, gardés par des novices qui les surveillaient d'un œil et, de l'autre, s'exerçaient à des lectures de piété dans des rouleaux de parchemin surchargés de lourdes écritures gothiques. Là aussi étaient les champs, les cultures dont les moines robustes avaient le soin. Les défrichements gagnaient peu à peu les sommets lointains, ouvraient dans la profondeur des fourrés de larges éclaircies.

Un bras de mer enserrait les terres de l'abbaye, contournant le pied des collines, pénétrant vers l'est dans les contreforts schisteux de la Montagne-Noire, évoquant la vision d'un glaive d'archange, d'une grande lame tordue et flamboyante. Du côté de l'occident, il s'évasait en une méditerranée pacifique aux vaguelettes crêpelées, telles que des frisons d'or.

Ce qui donnait plus de prix encore à cette oasis de verdure et d'eau calme, c'étaient les lignes austères qui, dans la direction du Nord, fermaient l'horizon. On devinait un pays nu, tourmenté, battu d'un flot sauvage contre lequel il servait en quelque sorte de rempart, et dont il brisait les colères, de sa longue étrave de granit. Les assauts de l'Atlantique s'y venaient heurter, comme à un colossal parapet. Souvent on voyait s'écheveler au-dessus de grandes crinières blanches, avec des hennissements de bêtes qui s'ébrouent, tandis qu'au ras des crêtes des lueurs couraient, de rapides fulgurations d'éclairs. Et l'on n'en goûtait que mieux le charme de ce coin abrité, peuplé seulement de cénobites vivant une vie de songe.

Ces influences reposantes agirent promptement sur Gralon, dont la vieille âme était de cire. Déjà les choses du passé achevaient de s'effacer en lui, quand soudain, une nuit d'hiver qu'il était resté à veiller dans sa chambre, il lui sembla entendre une voix douce qui chantait. Cette voix ne pouvait venir des cellules du monastère, depuis longtemps closes et endormies. Aucun chant, d'ailleurs, pas même celui des novices, n'eût eu cette grâce féminine, si attirante, qui, comme une lanière subtile, enlaçait à la fois tous les replis du cœur. Le vieux roi poussa les volets de bois plein : appuyé au montant de la fenêtre, ses yeux plongèrent au loin vers la mer. L'eau luisait, sous la lune, d'une clarté d'argent. Dans le pâle scintillement des ondes un buste de jeune femme surnageait. La tête, renversée en arrière, traînait une longue chevelure flottante, semée de pierres précieuses qui étaient peut-être des reflets d'étoiles. Les traits du visage, éclairés d'en haut, brillaient étrangement d'une splendeur molle et fluide où les yeux s'avivaient comme deux émeraudes, où les lèvres s'épanouissaient comme une rose mystique du jardin de la mer. Gralon tendit les bras, cria dans l'espace : « Ahès !... Ahès !... » En cette apparition il avait reconnu sa fille. Il l'appelait encore qu'elle avait fui, avec la mobilité d'un poisson. Mais les deux derniers vers de son incantation demeuraient suspendus dans l'air. Et les rayons de la lune les propageaient au loin en de pâles et lentes vibrations : telles les cordes lumineuses d'une lyre immense.

> *Ahès, brêman Mary Morgân,*
> *E skeud an oabr, d'an noz, a gân.*

[Ahès, maintenant Mary Morgane, — A la lueur du firmament dans la nuit chante].

C'était une croyance des Celtes qu'une fée, idéalement belle et cruellement perverse, habitait la mer. Elle avait, disait-on, la figure, les seins et les hanches d'une vierge. Le reste de son corps était d'un monstre, couvert d'écailles et terminé par une queue fourchue. On voyait son torse incomparable surgir au-dessus des eaux, par les soirs alourdis qui précèdent les grands orages. Sa chevelure dénouée ondulait harmonieusement sur les vagues, et, de ses lèvres, un hymne montait, d'une langueur triste et si passionnée que les barques s'arrêtaient pour l'entendre. Les matelots éperdus, fascinés, ne pouvaient détourner leurs yeux de l'ensorceleuse dont les bras blancs leur faisaient signe. Une folie s'emparait d'eux. Et, dépouillant leurs vêtements, ils se jetaient à la nage, tout nus, pour la joindre. Elle les regardait venir, de ses prunelles ardentes où des flammes vertes brûlaient, et elle les étreignait sur son cœur, à tour de rôle, avec la force déchaînée d'un élément. Tout aussitôt le ciel se fermait; les nuages tombaient à longs plis noirs, ainsi qu'une draperie funèbre, la houle se creusait en un lit souple aux profondeurs mouvantes, et l'orchestre de la tempête éclatait, formidable. A ses farouches amours la fée voulait un cadre terrifiant. Ses baisers distillaient une volupté si âcre qu'on en mourait sur l'heure, comme d'un poison. La bouche où la sienne s'était collée s'en détachait soudain, flétrie, béante, muette à jamais. Il n'était pas de famille sur tout le littoral breton qui n'eût à lui reprocher le meurtre de quelqu'un de ses membres. On la nommait *Mary Morgane,* ce qui veut dire : née de la mer. Elle était une, et pourtant multiple. Nombreuses étaient ses incarnations ; mais, c'était toujours la même âme de péché qui vivait en chacune d'elles. (1)

Ahès, brêman Mary Morgân.....

Et voilà à quel métier de séduction et de mort Gralon avait voué sa fille pour l'éternité !... Le refrain lugubre ne cessa jusqu'au matin de retentir à ses oreilles, réveillant dans sa mémoire l'amertume des souvenirs, ajoutant à ses anciennes

---

(1) Il va sans dire que cette tradition, comme tant d'autres d'une origine non moins primitive, s'épanouit encore toute fraîche dans l'*Armor* breton.

douleurs cette honte nouvelle d'Ahès devenue un objet d'opprobre, — Ahès qui fut si longtemps la joie de ses yeux et qui aurait dû être la fleur de sa race !

Le soir d'après, même apparition, même chant ; et, pendant plusieurs nuits consécutives, il en fut ainsi. Le vieillard n'osait plus s'allonger sur sa couche ; l'obsédante image ne lui laissait pas un instant de repos. Brisé de lassitude et d'angoisse, il s'affaissait à genoux près de la croisée ouverte, et c'était son tour maintenant d'implorer sa fille :

« — Pitié ! » murmurait-il. « Ma dernière heure est proche. Ne m'empêche pas d'oublier ! Accorde-moi de mourir en paix !... »

Mais, comme lui naguère, la fée des eaux, elle aussi, se montrait sans miséricorde. A la fin, pour échapper à cette hantise, il résolut de fuir, de s'enfoncer si avant dans les terres que l'haleine même du flot marin ne pût parvenir jusqu'à lui. Il déroba un des bissacs dans lesquels les paysans du voisinage avaient coutume d'apporter à l'abbaye leurs offrandes, et, l'ayant endossé, il se mit en route au point du jour, alors que les moines de Landévennec étaient tous à matines. Il côtoya la rivière d'Aulne jusqu'au bac de Térénès; la fillette du passeur le déposa sur l'autre rive moyennant une bénédiction et une oraison qu'il psalmodia d'un ton navré. Elle prenait pour un mendiant en tournée le chef vénéré du clan de Cornouailles, l'homme qui fut le constructeur d'Is et réunit sur son front toutes les couronnes de l'Armorique ! Après avoir gravi la montée de Roznoën, il entra dans une chaumière, sise au bord du chemin. La ménagère lui dit :

« — Nous ne donnons l'aumône que le samedi, veille du saint jour du dimanche. Voici néanmoins une crêpe et un morceau de lard, parce que vous paraissez bien rendu. »

Il accepta, en remerciant ; et, comme ses vieilles jambes fléchissaient sous lui, il demanda la permission de se reposer un instant sur la pierre du seuil... Au crépuscule il traversa la ville du Faou. Withur, son cousin et son lieutenant, avait là son château ; il donnait une fête ; les fenêtres de sa demeure flambaient ; un brouhaha joyeux se répercutait de salle en salle. Gralon voulut s'as-

seoir sur une borne, près de la porte où les invités s'engouffraient. Des gardes vinrent et le chassèrent. Il subit cette humiliation sans se nommer. Tout cela faisait diversion à son mal, l'arrachait à sa pensée fixe, si torturante ! Une vallée s'ouvrait sur la droite : il s'y engagea. Le sentier se déroulait, ombragé de grêles ramures entre lesquelles glissaient des reflets de lune brodant le sol de dessins clairs. Puis, ce furent de hautes futaies, des piliers élancés et moussus soutenant des dômes d'ombre, le mystère d'une église vide, la nuit. Tous bruits au loin s'étaient tus, même la mélopée envahissante, obstinée, de la mer. Gralon se rappela les paroles de Primel, l'anachorète :

« — Les bois sont tendres à l'homme qui souffre. Dieu en a fait des asiles sacrés..... »

Ses sourcils froncés se disjoignirent. Il se sentit plein de sécurité, comme si un mur inexpugnable l'eût isolé du reste du monde. Il continua d'avancer toutefois, heureux de se baigner et, en quelque sorte, de se fondre dans cette atmosphère lénifiante, de goûter plus profondément, à chaque pas, cette protection des choses qui allait s'épaississant autour de lui. L'avenue où il marchait avait l'ampleur, la majesté d'une nef colossale. Et, tout en cheminant sous les arceaux vertigineux, il songeait :

« — S'il est dans les décrets de Dieu que je vive quelques années encore, je veux bâtir, à la place de cette forêt et sur son modèle, une cathédrale où se dresseront, en pierre indestructible, autant de colonnes que voici d'arbres. Et il n'y aura infortune en Bretagne qui n'y puisse trouver, comme moi-même à cette heure, soit remède, soit consolation. »

... Gwennolé cependant, inquiet de la disparition du vieux roi, s'était mis à sa recherche. Il le découvrit enfin, dans la retraite qu'il s'était choisie, à l'orée de la forêt du Kranou. Il était là, étendu sur un lit de mousse que les feuilles tombées brochaient de larmes d'or. Près de lui une forme humaine était accroupie, qui n'avait plus d'un être vivant que l'apparence. En voyant venir le moine dont la robe de bure blanche tranchait vivement sur le fond assombri des bois, Gralon se souleva avec effort.

« — Vous arrivez à temps pour recueillir mon dernier souffle, » dit-il..... « Ne prenez point ombrage du vieillard que voici : il a vécu trois âges d'homme et connu l'extrémité de la souffrance. Les maux que j'ai endurés ne sont rien au prix des angoisses qui l'ont éprouvé. J'ai eu à pleurer ma ville engloutie et l'épouvantable destin de mon unique enfant; mais, lui, il a perdu ses dieux ! A cette misère-là nulle autre n'est comparable. Jadis il fut druide : il porte le deuil d'une religion morte. Soyez-lui clément et doux. Il vous dira mon vœu suprême, et combien ce lieu m'est cher ; j'y ai savouré par avance la joie de n'être plus. Je dépose en vos mains à tous deux mon âme épurée des souvenirs qui troublent..... »

Il n'en put prononcer davantage ; sa tête retomba inerte sur le gazon. Le roi de Cornouailles avait trépassé. Gwennolé se mit à murmurer des psaumes latins ; le druide entonna, d'une voix chevrotante, une mélopée en langue barbare ; et Gralon, conan[1] de la mer, reposa dans la clairière

(1) Chef.

jusqu'au lendemain, veillé par le prêtre du Christ et par le dernier survivant des ministres de Teutatès. De singulières pensées durent hanter l'âme de ces deux hommes. Peut être le corps du vieux roi suffit-il à combler l'abîme qui les séparait ; peut-être, par dessus son cadavre, dans la mélancolie de cette nuit funèbre, les deux formes religieuses de l'antique esprit breton se tendirent-elles la main et communièrent-elles devant la mort, sous le couvert majestueux des bois.

Au point du jour, survint une troupe de cénobites que Gwennolé avait mandés. Ils lavèrent à une source voisine la dépouille mortelle du chef de clan, l'ensevelirent dans une pièce de lin parfumée de verveine, et la chargèrent sur leurs épaules pour la transporter à Landévennec où, dans une crypte maintenant effondrée, son sépulcre se voit encore.

Quand ils se furent éloignés, le druide parla :

« — Frère, (car nous avons eu dans le passé de communs ancêtres), celui que nous avons conduit ensemble au seuil des demeures futures m'avait prié d'être auprès de toi l'interprète de ses dernières volontés. Je lui fis promesse de te les aller dire, s'il était nécessaire, jusqu'en ta maison, quoiqu'il me soit défendu par mes dogmes de franchir le cercle enchanté de cette forêt. Ce qu'il désire de toi, le voici : il entend que, par tes soins, une église soit érigée en cette place à la mère douloureuse de ton Dieu, afin que les malades y trouvent guérison et les affligés miséricorde. Un temps fut — j'étais jeune alors — un bloc de granit rouge se dressait ici. Son contact rendait la vue aux aveugles, l'ouïe aux sourds, l'espérance aux cœurs en détresse. Puisse le sanctuaire que tu édifieras avoir mêmes vertus ! Ceci est mon souhait, le souhait d'un vaincu résigné au cours changeant des choses, et qui parle sans amertume ni animosité. J'ai dit. »

Gwennolé resta un instant songeur, les yeux baissés à terre.

« — Mais, en ce cas, » s'écria-t-il enfin, ému malgré lui de la belle sérénité du druide, « c'est vous que nous atteignons, vous dont nous envahissons le suprême refuge ! »

« — Oh ! moi !... » fit le vieillard. Et, après

un silence, avec un geste de lassitude et de découragement, il ajouta : « C'est affaire à mes dieux de me protéger, s'ils existent et s'ils y peuvent quelque chose... »

Puis, montrant le ciel d'un bleu délavé, l'azur limpide et pâle des matins d'octobre :

— « Au fond du mystère que nous situons là-haut il n'y a peut-être qu'un grand leurre ».

Gwennolé, scandalisé, dit sévèrement :

« — Croire, c'est savoir. »

Mais, il se radoucit aussitôt ; il se sentait plein de compassion pour cette figure vénérable, dernière épave d'un grand culte sombré :

« — Que ne m'accompagnes-tu à l'abbaye ? Nous avons une cellule pour les hôtes, et nous enseignons la voie du salut. »

« — J'aime mieux les sentiers de ma forêt, » répondit le druide, « ils me sont familiers. Tous les chemins, d'ailleurs, aboutissent au même carrefour. Je te ferai seulement une prière : quand tes ouvriers viendront pour bâtir l'église, s'ils trouvaient mes restes pourrissant sur le sol, en ces parages, recommande-leur de les enfouir. Adieu ! »

Il tourna le dos et, appuyé sur un bâton noueux, s'enfonça péniblement sous les hautes avenues, tandis que Gwennolé, l'âme triste et amollie sans qu'il sût pourquoi, descendait à pas lents vers la mer.

II

J'ai tenu à rapporter tout au long la légende. Le vœu de Gralon fut accompli, l'église fut édifiée sur l'emplacement qu'il avait désigné ; trois valises d'or, sauvées du naufrage de Ker-Is, suffirent à peine à couvrir les frais du monument qui eut, en effet, s'il faut en croire la tradition, autant de piliers de pierre que le pays de Rumengol avait d'arbres. C'est dire que le sanctuaire actuel n'en est qu'une réduction mesquine. Mais, comme s'exprime le proverbe, il ne faut pas mesurer aux proportions de l'église la grandeur des miracles. L'humble chapelle d'aujourd'hui a gardé, aux yeux des Bretons, le même prestige que la somptueuse basilique d'autrefois. Ils y accourent de toutes parts, toute l'année durant, et de l'Argoat et de l'Armor [1].

Un soir d'août, je débarquais au Cloître-Plourin, petite halte de la ligne de Carhaix, perdue dans une steppe marécageuse, au milieu d'une région de tourbières éventrées, étalant çà et là des lèpres noires et des miroirs d'une eau stagnante et sinistre. Pas d'autre maison que la gare. J'avais dessein de visiter les Kragou, sorte de vagues en pierre, rebroussées dans la direction de l'ouest, qui hérissent de leurs crêtes étranges cette partie de la montagne d'Aré. Je pris la seule route qui s'offrait à moi, un de ces chemins primitifs, faits de deux ornières enserrant une sente herbeuse, et qui, selon l'adage breton, ne sont guère fréquentés que du chariot des âmes en peine. Une vieille cependant y marchait à quelque distance devant

---

[1] L'Argoat (pays des bois) désigne surtout l'intérieur de la Bretagne ; l'Armor, le littoral.

moi, une pauvre vieille à l'allure hésitante, les pieds chaussés de lourds souliers d'homme, la taille si courbée, que ses longs bras avaient l'air de prendre naissance dans ses reins. En passant à côté d'elle, je la « bonjourai ». Elle me répondit d'une petite voix jeunette, au timbre argentin. J'ai souvent observé que, chez nous, les femmes du peuple gardent jusqu'aux extrêmes limites de l'âge je ne sais quel charme d'enfance. Il était évident aussi qu'elle éprouvait un sentiment de joie à rencontrer un être humain dans cette immense solitude. La tristesse des choses autour d'elle lui causait une impression pénible qu'augmentait encore la mélancolie du soir, et cette espèce d'effroi qu'il traîne à sa suite en nos climats occidentaux. Elle engagea la conversation, exprima l'espoir que nous avions peut-être à suivre longtemps ensemble la même route.

« — Moi, » dit-elle, « je voudrais atteindre le bourg de Berrien avant l'extinction des lumières. Malheureusement, je ne suis plus ingambe. Je vais comme une loche. »

D'une des poches de son tablier le col d'une burette sortait.

« — Vous êtes sans doute pèlerine » ? demandai-je.

« — Je le fus, oui. Naguère on ne voyait que moi sur les routes. Mais les forces s'usent, j'ai près de quatre-vingts ans ; je devrais être déjà couchée dans ma maison du cimetière. Je pratique encore pourtant, parce qu'il faut vivre jusqu'au bout, n'est-ce pas ? »

Elle m'apprit qu'elle se rendait à Rumengol, par Berrien, Commana, à travers tout le pays montueux. Et il y avait deux jours qu'elle voyageait, depuis Plounévez-Moédec, dans les Côtes-du-Nord, jouxte la forêt de Coat-an-Noz. Elle allait prier la Vierge de Tout-Remède [1] pour le prompt trépassement d'un moribond qui souffrait des affres infinies sans pouvoir exhaler son dernier souffle.

Pour me retenir plus longtemps à son côté, elle se mit à me donner des détails sur les rites

[1] De *Rumengol*, nom de lieu, dont la signification s'est perdue, le clergé a fait *Remed-oll*, ce qui veut dire Tout-Remède

qu'elle aurait à accomplir, une fois parvenue au lieu de son pèlerinage. Elle s'agenouillerait d'abord en face du porche où Gralon est représenté implorant pour les Bretons la tendresse de Notre-Dame, Mère de la chrétienté. Elle ferait ensuite à trois reprises le tour de la chapelle, pieds-nus, ses souliers dans les mains, en marchant à l'encontre du soleil et en récitant la très ancienne ballade, en langue armoricaine, connue sous le nom de *Rêve de la Vierge* [1].

> *Dame Marie la douce en son lit reposait*
> *Quand il lui vint un rêve ;*
> *Son fils passait et repassait*
> *Devant elle, et la contemplait...*

Je dus entendre toute l'oraison qui est d'ailleurs exquise et empreinte d'une fraîcheur, en quelque sorte, galiléenne..... Viendrait alors la prière dans l'église. La bonne femme allumerait un cierge aux pieds de l'image sacrée, le laisserait brûler un instant, puis, brusquement, l'éteindrait, pour signifier à la Glorieuse Marie quel genre de service on attendait

[1] Cf. *Soniou Breiz-Izel* t. II, p. 344.

d'elle. Il était fort à présumer qu'au même moment, là-bas, à Plounévez-Moédec, l'agonisant rendrait l'âme. Sinon, elle avait encore une ressource : elle irait à la fontaine de la sainte et y emplirait sa burette. Au retour, elle répandrait quelques gouttes de cette eau sur les paupières du patient, et ses yeux aussitôt se renverseraient dans leurs orbites, et la douleur le quitterait avec la vie.

« — C'est, je crois bien, la cinquante-sixième fois que je fais ce parcours, et pour cinquante-six vœux différents. Il n'est pas de grâces que Rumengol ne dispense : il guérit des tourments d'esprit comme des infirmités du corps. Gralon en fut le premier miraculé. Le démon de sa fille Ahès le possédait et troublait ses nuits. Notre-Dame l'en délivra... »

Lancée sur ce chapitre, la vieille ne tarit plus. Mais, nous étions sur la pente des Kragou.

« — Ah ! vous allez aux Roches » fit-elle, avec un léger frisson. « Dieu vous garde !..... Moi, mon chemin est par cette trouée. »

Elle disparut peu à peu dans un repli de la

montagne. Arrivé au faîte, je me hissai sur une des grandes pierres, et je la revis, la pauvre vieille, qui se hâtait de son pas clopinant, sous la tombée grise du crépuscule ; à deux lieues vers le sud, par-delà le désert des tourbières, un clocher pointait au-dessus d'un bouquet d'arbres, égrenant dans l'air calme des tintements mélancoliques. L'Angélus sonnait à Berrien...

III

C'est dans la première semaine de Juin, au joli mois de la fenaison. Le train de six heures vient d'entrer en gare de Quimper, regorgeant de monde. Sur tout le trajet, depuis Lorient, il a cueilli des pèlerins. On les entrevoit par le cadre des portières, assis bien sagement, figures sérieuses et recueillies. Il y a parmi eux des Vannetais, des « Gwénédour » aux cheveux plats, aux traits énergiques durement sculptés ; des hommes de

Scaër aux belles carrures, en des vestes noires soutachées de velours ; des gars d'Elliant, engoncés dans leurs cols raides, des saints-sacrements brodés dans leur dos. Beaucoup de femmes : celles-ci flétries avant l'âge, la peau terreuse, la taille élargie par les travaux des champs et les maternités incessantes ; celles-là, délicieusement fraîches, pures fleurs d'idylles, laissant flotter ainsi que des pétales blancs les ailes éployées de leurs coiffes.

Sous le hall, des groupes stationnent devant les compartiments bondés : paysans et paysannes de la banlieue quimpéroise, gens de Kerfeunteun et d'Ergué, de Plomelin et de Fouesnant. On attelle des wagons supplémentaires qui sont immédiatement pris d'assaut. Le train repart, emportant cette caravane de croyants, grossie de halte en halte.

Je me suis faufilé à grand'peine dans une voiture occupée principalement par des soldats — de petits conscrits bretons, imberbes pour la plupart, les mains calleuses encore de la charrue, l'air rustique sous l'uniforme. Ils ont eu l'heureuse chance de n'être point dépaysés, d'avoir leur garnison à portée de leurs villages ; et, disposant d'une permission de vingt-quatre heures, ils les vont passer à Rumengol, par dévotion sans doute, mais aussi parce qu'ils savent qu'ils y rencontreront leurs parents, leurs amis et — comme bien l'on pense — leurs « douces »[1]. Cette perspective et le sentiment qui s'y joint, d'une liberté momentanément reconquise, ne laissent pas de les surexciter quelque peu. Ivresse passagère, du reste, vite évaporée. La gaîté, dans notre race, n'a qu'un épanouissement rapide et se fane aussitôt. Maintenant, ils devisent entre eux gravement, semblent se concerter à mi-voix. Sur l'invitation de ses camarades, un d'eux se lève, un tout jeune homme, presqu'un adolescent. Aux lignes délicates de son visage, à ses yeux fins, couleur d'herbe roussie, on devine un pâtre des monts. Après s'être recueilli une seconde, il attaque d'une voix claire, habituée à retentir dans les grands espaces, non un refrain de chambrée, comme on

---

[1] C'est par cette gracieuse appellation que les Bretons désignent la bien-aimée.

eût pu s'y attendre, mais une complainte mystique, au rythme alangui, le cantique populaire de Notre-Dame de Rumengol :

> *Lili, arc'hantet ho dêlliou,*
> *War vord an dour 'zo er prajou ;*
>
> *Douè d'ezho roas dillad*
> *A skuill er meziou peb c'houéz vad...*

> Des lys, aux feuilles argentées.
> Sont au bord de l'eau, dans les prées ;
>
> Dieu leur donna des vêtements
> Dont l'odeur au loin embaume les champs...

Le chœur des troupiers reprend chaque strophe, lui communiquant une ampleur immense ; et le chant semble fuir au loin derrière nous, emporté dans un vent de vitesse, avec les grandes fumées blondes qui font sillage aux deux flancs du train. C'est une sorte d'églogue religieuse, doux-fleurante, imprégnée d'un double parfum de nature et de piété. Elle évoque dans l'atmosphère du wagon, sans air et sans jour, où nous sommes parqués, des visions de courtils lumineux, de côteaux boisés, d'eaux courantes au creux des vallons, et d'un sanctuaire dressant à mi-pente son clocheton gris brodé de lichens.

Ce qu'il nous est donné d'entrevoir de la contrée que nous traversons ajoute encore à cette impression de fraîcheur et de rusticité. La verte et ondoyante Cornouailles déploie de part et d'autre la splendeur grasse de ses pâturages, le miroitement de ses rivières, le bleu rempart de ses collines dont les dentelures, sous le soleil couchant, sont comme burinées d'un large trait d'or. Un ciel léger, des frissons tièdes, la vivante haleine de la mer. On monte, on monte. Une ligne de hauteurs austères et dénudées se dessine; des pyramides de pierres entassées les couronnent, semblables à des *cairns* des anciens âges; une nappe d'eau canalisée réfléchit leurs grands profils, et, sur ses bords, des maisons blanches sont rangées paisiblement, leurs façades un peu assombries par les reflets d'ardoises qu'y projettent les carrières d'alentour. C'est ici Châteaulin, une sous-préfecture d'Arcadie. On franchit le canal sur un viaduc d'où l'œil domine un instant ses courbes harmonieuses, l'écharpe d'azur mat qu'il déroule, à travers des solitudes presque vierges, jusqu'à la pointe de Landévennec. L'Aulne passée, on entre dans un pays nouveau ; il n'a point l'âpreté des cîmes qu'on laisse après soi, mais encore moins l'aspect joyeux, cette riante figure des choses, qui caractérise la Cornouailles du Sud. Région de plateaux découverts, coupée de ravins profonds comme celui de Pont-ar-Veuzèn, ou de combes tristes comme celle de Lopérec, sa physionomie respire un je ne sais quoi de sobre et de grave, annonce déjà le Léon. Le train s'arrête dans une petite station en rase campagne ; un employé crie :

« — Quimerc'h ! Les voyageurs pour Rumengol descendent » !

Les wagons débarquent sur le quai une multitude grouillante, silencieuse et bariolée. Il est huit heures et demie environ. Le ciel, d'une blancheur lactée, s'est peuplé d'une procession de nues qui semblent s'acheminer, elles aussi, dans notre direction. Les pèlerins s'égrènent au long d'une route grimpante, bordée çà et là d'auberges. Sur un palier, le bourg de Quimerc'h, transporté en cet endroit depuis l'ouverture de la voie ferrée, groupe autour d'une église neuve quelques maisons banales. Et cela n'est pas sans causer une déception, ce village improvisé, au milieu de ces grands horizons sévères reposant sur des assises de granit bâties pour l'éternité. Par delà le bourg, la côte recommence ; les bras d'un calvaire se dessinent au sommet, sur le fond encore illuminé du couchant. On a de là-haut une des plus admirables vues de Bretagne. Une terre singulièrement attirante dévale à vos pieds ; tout au bas, des silhouettes de toits pointus, un vieux décor de ville moyennageuse gravé à l'eau-forte [1] ; à gauche, des images grises et fuyantes, de vagues estompes lointaines, pareilles à des nuages immobilisés, et qui sont d'abord les crêtes du Ménez-Hôm, puis le trident que plante au large le promontoire de Crozon, la « main à trois doigts » dont il fouille les entrailles de l'Atlantique ; — à droite, la rade, ce que les Bretons appellent la « *mer close* », une filtrée d'Océan au sein des labours et des bois, quelque chose de froid et de clair, la lumière glacée d'une eau dormante où vibre encore l'adieu du

[1] Le Faou.

soleil disparu et où les houles viennent mourir en un pâle et dernier frisson ; — en deçà, une échancrure profonde, pleine d'ombre verte, et, de l'autre côté du ravin, la coupe brune du pays d'Hanvec qui porte suspendue à son flanc la petite Mecque bretonne, la sainte oasis de Rumengol.

IV

Au sommet de la montée, comme je vais pour m'engager dans le chemin creux qui, à travers le vallon, pique droit sur la bourgade sacrée, je fais rencontre du conscrit de tantôt, du joli pâtre-soldat. Assis sur le rebord de la douve, il se déchausse, noue ensemble les cordonnets de ses souliers et retrousse son pantalon rouge sur ses fins mollets de grimpeur de landes. Nous échangeons un regard, quelques mots. Je le complimente sur sa voix de rossignol.

« — Oui », me répond-il, « c'est un bien beau

cantique que celui-là ! Au catéchisme, on nous le faisait chanter. J'aime à le fredonner à la caserne, et il n'est pas besoin de me prier longtemps pour que je le redise, en quelque lieu que je sois. Les gens qui vont de chez nous au pardon de Rumengol l'entonnent tout le long de la route... Je suis de Saint-Riwal, dans le Ménez : un quartier pauvre, trop de pierres, des bruyères, un peu de seigle et de blé noir. Mais il n'y a de terre chaude au cœur et douce aux yeux que celle où l'on est né..... »

Tandis que nous voyageons de compagnie (ses camarades se sont attardés à boire dans les auberges), il m'explique qu'il est le cinquième enfant de sa famille; il me parle de son père, de sa mère, de sa sœur aînée, mariée à un « tourbier » du Yeûn(1), de sa marraine qui a quelque bien et qui lui a promis, quand il aura fini son temps, de lui faire cadeau d'une paire de bœufs pour entrer en ménage. Car, sitôt de retour chez lui, il compte prendre femme. Il s'est féru d'une fille de Braspartz.

(1) Tourbière immense qui s'étend au pied du Mont Saint-Michel, dans les montagnes d'Aré.

Depuis trois ans il ne rêve que d'elle, quoiqu'il ne lui ait jamais dit une parole d'« amitié ». Il l'a connue un jour au pardon d'une chapelle détruite, à Saint-Kaduan. C'était un soir comme celui-ci. Il était allé là par désœuvrement, par piété aussi. Même quand les saints n'ont plus d'oratoires, il convient d'être assidu à leur fête. Il y avait sur la pelouse beaucoup de jouvencelles. Il n'en vit qu'une, qui lui riait du regard. Incontinent, son destin fut fixé. Il avait, selon son expression, « trouvé sa planète ». La fille, depuis lors, est dans son souvenir comme une constellation au fond d'un ciel pur. C'est l'éternel poème de l'amour breton, si sobre et si chaste, tel que le célèbrent les *Soniou*, tel qu'il persiste à fleurir au cœur de la race. Rien de passionné, ni de troublant : un attendrissement qui pénètre toute l'âme, mêlé d'un je ne sais quoi de religieux. Ils aiment comme on prie, ces Armoricains, avec recueillement et en silence.

Le chemin creux où nous marchons s'enfonce entre de hauts talus semi-éboulés : des branchages, au-dessus de nous, se rejoignent, formant treillis ;

dans les fossés, des cressonnières bruissent d'un chuchotement clair, de la menue et grêle chanson des sources invisibles. Nul vent : les feuillages dorment, ou plutôt ils ont cet air d'attente que prennent les choses en s'immobilisant. Quelques vaches paissent à l'aventure. Nous croisons des chars-à-bancs bondés de paysans qui ont déjà terminé leurs dévotions et s'en retournent. Une femme portant la coiffe de Pleyben nous dépasse : elle est en corps de chemise et elle court, les pieds en sang, l'haleine oppressée.

« — Celle-ci doit avoir fait un grand vœu », prononce le conscrit. Il vient de couper à une touffe de coudrier une baguette de pélerin, et il en sculpte l'écorce avec la pointe de son couteau, en fait une sorte de thyrse, enguirlandé d'un mince ruban vert où des lettres s'entrelacent.

..... L'horizon s'est ouvert, tout d'un coup ; les talus se sont écartés comme les battants d'un porche. Nous prenons par un sentier de traverse, entre des fougeraies odorantes et des ajoncs en fleur. L'ombre du soir s'épaissit derrière nous, mais sur le versant d'en face une lumière mystérieuse, d'une infinie délicatesse de teintes, demeure épandue, renvoyée peut-être par les miroirs lointains de la mer. Et, dans cette auréole qu'on dirait surnaturelle, Rumengol se détache, avec l'extraordinaire netteté d'un village d'Orient, aux couleurs féeriques et invraisemblables. La flèche de l'église est d'un rose vif, comme si on l'avait taillée dans la Pierre Rouge d'autrefois. Elle apparaît comme le centre de tout le paysage qui se groupe autour d'elle, figé dans une adoration muette et, en quelque sorte, prosterné. Les choses ont des attitudes de prière, de longs agenouillements, et un murmure s'exhale des champs, des landes, des prés, qui vous remue le cœur, en fait se dégager le parfum subtil des vieilles oraisons désapprises. Voici que je me mets à fredonner avec le conscrit les strophes du cantique local :

Lili, arc'hantet ho dêlliou...

D'une friche voisine, un autre refrain nous répond, mais hurlé à tue-tête et d'un caractère singulièrement profane. C'est une bande de matelots ivres, de « cols-bleus » venus au pardon en bordée, et qui, se tenant par le bras, dansent devant une espèce de *gourbi* en toile une ronde tumultueuse :

> *Entre Brest et Lorient,*
> *Leste, leste.*
> *Entre Brest et Lorient,*
> *Lestement.*

> *Les gabiers de la misaine*
> *Sont des filles de quinze ans...*

> *Entre Brest et Lorient*
> *Leste, leste...*

Très leste, en effet, cette chanson de gaillard d'arrière, — un peu inattendue aussi, en ces parages dévotieux qui invitent à la discrétion et au silence. J'en fais la remarque à mon compagnon, pensant que des gauloiseries qui me semblent, à moi, inopportunes lui causent une impression plus pénible encore et où sa foi même est intéressée. Mais il n'en paraît nullement scandalisé, bien au contraire ; et c'est lui, le croyant, qui me donne une leçon de tolérance :

« — Eh! ces gens-là chantent ce qu'ils savent. Qu'importe ce qu'ils chantent, pourvu qu'ils chantent! La Vierge de Rumengol n'y regarde pas de si près. Elle entend le bruit que font leurs voix : ça lui suffit. C'est une preuve qu'ils se sont dérangés pour elle, qu'ils sont accourus de Landévennec ou de Recouvrance pour lui rendre visite sur sa terre et dans son oratoire; elle se dit qu'ils ont été exacts une fois de plus, les francs gars de la flotte; et elle est toute joyeuse de les revoir, croyez-le bien, de les revoir en bonne santé et en belle humeur. Le reste, elle n'en a cure. C'est une vraie Mère, pas du tout pleurnicharde. Vous la contemplerez tout-à-l'heure et vous verrez quelle mine accueillante elle a, dans sa robe d'or. Elle est là pour consoler, non pour gronder et se mettre en colère. Elle a le sourire sur les lèvres et elle veut qu'on ait la gaîté dans le cœur. Ses meilleurs amis sont ceux qui viennent à elle, un couplet quelconque entre les dents. Ce n'est pas sans raison que sa fête s'appelle *le pardon des chanteurs !...* »

Or ça, hardi, les matelots! Allez-y gaîment, et

que Notre-Dame de Rumengol vous tienne en joie !

Comme nous approchons du *gourbi*, ils nous aperçoivent, et hèlent le soldat.

« — Ohé ! *Bragou-rû* (1), trinque avec nous ! »

Une fillette en bonnet de velours verse du cidre à plein pichet. Et le *bragou-rû* de me planter là, pour s'attabler sous le ciel nocturne avec la troupe en goguette des cols-bleus. Je continue à descendre le sentier ; l'interminable chanson de bord, un moment interrompue, reprend de plus belle. Seulement, aux voix avinées des marins, une autre voix maintenant se mêle, les dominant toutes — une voix d'enfant de chœur, d'une merveilleuse sûreté de timbre, et qui, à chaque retour du refrain, part en fusées aiguës, éparpillant les notes dans l'espace, avec une alacrité d'alouette :

Entre Brest et Lorient,
Leste, leste;
Entre Brest et Lorient,
Lestement !...

L'éloignement ne me permet plus de percevoir

(1) Pantalon rouge.

distinctement les paroles ; à cause de cela peut-être, je trouve à ce chant, de plus en plus atténué et confus, un charme qui va croissant à mesure que, par l'effet de la distance, il se transfigure et, si je puis dire, s'idéalise. Il rythme à présent mon pas, il me berce l'âme, il m'incline à de pieuses songeries. S'il venait à se taire, la poésie de ce beau soir m'en paraîtrait diminuée.

Les abris de grosse toile se font de plus en plus nombreux aux deux bords de la route : quelques-uns s'éclairent d'une petite chandelle de suif plantée dans un verre. Passé le ruisseau qui gazouille au fond du vallon, ils forment rue, sur la pente opposée. La brume des prairies les enveloppe, puis s'élève dans l'air en une procession d'êtres aériens traînant de longues mousselines. Sous les tentes, des gens causent bruyamment, s'embrassent par-dessus les tables, échangent mille démonstrations d'amitié. D'aucuns se penchent, à deux et à trois, sur un réchaud de charbon pour y allumer leurs pipes minuscules et, quand un jet de flamme lèche leur visage, leur cuir rasé de frais, ils éclatent tous ensemble d'un large rire qui fait tressaillir au loin les échos vibrants de la nuit. La foule, sur la chaussée, est déjà compacte. Çà et là, un trou se creuse dans l'ondoyante mêlée : c'est quelque mendiant, assis à terre à la façon d'un tailleur ou d'un bouddha, et qui brame sa plainte en agitant des amulettes, toute une ferraille bénite suspendue à son cou. On s'écarte de lui avec un respect superstitieux, non sans jeter une pièce de monnaie dans son escarcelle. Les pauvres de Rumengol composent, dit-on, une catégorie à part, une espèce de congrégation douée de facultés singulières. L'esprit des âges habite en eux : ils se meuvent sans peine dans les arcanes du passé et pénètrent très avant dans les mystères de l'avenir. Il en est parmi eux qui ont vécu plusieurs vies et dont la mémoire est restée dépositaire des grands secrets d'autrefois. La race morte des magiciens et des enchanteurs leur a légué ses prestiges, son art, ses formules. Ils savent guérir avec une parole, tuer avec un regard. Malheur à qui ne leur rend point les hommages qui leur sont dus ! On vous racontera l'histoire de ce paysan du Laz qui, ayant bousculé l'un d'eux, fut sept ans sans revoir sa chaumière dans la montagne. Quelque chemin qu'il prît, il était toujours ramené à Rumengol; à force de marcher il n'avait plus de chair sous la plante des pieds, et, lorsqu'enfin, le charme ayant cessé, il se retrouva devant sa porte, sa femme qui s'était crue veuve était enceinte d'un second mari.

On vous racontera encore ceci, qui est non moins surprenant.

A l'un des derniers pardons, une jeune fille s'en retournait chez elle, à la brune, du côté de Logonna. Par exception, il pleuvait, et elle avait ouvert son parapluie. Soudain, un homme se leva du fossé, un très vieil homme dont le dos pliait sous une moisson d'années. Il était vêtu de haillons sordides, mais à l'un des doigts de sa main gauche une émeraude brillait.

« — *Pennhérès* (1) », dit-il, en interpellant la jeune fille, « si vous me donniez place sous votre parapluie, je pourrais regagner mon gîte, sans me faire tremper. Je ne vais qu'à une *pipée* (2) d'ici et ne vous embarrasserai pas longtemps. »

(1) Héritière, fille de bonne maison.
(2) Le temps de fumer une pipe.

Il parlait d'un ton si humble que la pennhérès en fut touchée.

« — A votre service ! » répondit-elle.

Ils se mirent à cheminer côte à côte, sous l'averse qui redoublait de violence, la jeune fille garantissant de son mieux le vieillard. Celui-ci, malgré son antiquité, marchait d'un pas dispos, d'une allure aisée et légère, comme si les pans de sa veste, fouettés de la pluie et du vent, lui eussent tenu lieu d'ailes.

« — Vous êtes une belle enfant », disait-il, « et, ce qui a plus de prix, vous avez l'air d'une enfant sage. J'ai eu jadis une fille qui vous ressemblait : elle avait votre âge, votre taille, et, comme vous, de blonds cheveux couleur de paille claire. Je l'aimais de toute mon âme. Mais elle n'avait point votre sagesse; la soif des choses défendues brûlait son cœur, ses yeux et ses lèvres. Elle a été la tristesse de ma vie, elle est ma honte dans l'éternité. »

Il se tut : sur sa figure misérable les larmes ruisselaient. La pennhérès se sentait troublée, comme au contact d'une personne surnaturelle. Au bout d'un instant il reprit :

« — Je vous donnerais bien, en guise de remercîment, cette émeraude qui me vient d'elle, mais elle ne vous porterait pas bonheur. D'ailleurs la bénédiction de Notre-Dame de Tout-Remède est sur vous : cela vaut mieux que tous les diamants. »

Puis, s'arrêtant auprès d'une brèche :

« — Ma route maintenant est par ici. Que l'ange des voyages paisibles vous accompagne ! »

Elle le vit disparaître dans les guérets, en sanglotant, et au même moment, par-delà les côteaux embrumés, il se fit une grande déchirure blanche dans la direction de la mer. Elle serra vivement les paupières et se signa par trois fois, pour écarter d'elle et des siens l'influence de Mary Morgane. Quand, de retour au logis, elle eut narré à ses parents cet épisode de son pèlerinage, les anciens de la famille gardèrent quelque temps un silence embarrassé ; puis, l'un d'eux murmura :

« — Nous allons réciter, avant de commencer

les *grâces*, un *De profundis* pour le repos du Roi Gralon... »

On conçoit sans peine que de pareilles légendes — et il y en a tout un cycle — ne contribuent pas peu à faire des mendiants de Rumengol des êtres en quelque sorte mythiques et sacrés. Ajoutez que la plupart de ces quêteurs d'aumônes ne se montrent en ce lieu qu'une fois l'an, qu'ils y viennent on ne sait d'où, de régions très diverses et souvent fort éloignées, qu'un mystère, par conséquent, plane sur leurs origines, laissant le champ libre à toutes les conjectures. J'ai rencontré là, à trente, à quarante lieues de chez elles, des femmes du Trégor dont la figure m'était familière depuis mon enfance ; je les retrouvais, après ce long espace de temps, telles que je les connus, sans un pli de plus à leurs traits sans âge, la peau noirâtre et fumée comme celle des momies, leurs maigres mollets de coureuses de pardons toujours allègres et vifs, leurs yeux striés de fibrilles sanguinolentes couvant le même fanatisme obstiné et silencieux. — Enfin, il faut en convenir, il n'en est pas un de ces mendiants qui n'ait son genre de beauté. C'est à croire que la race des vagabonds, et des loqueteux n'envoie ici que ses spécimens les plus remarquables, ses types les plus intéressants et les plus parfaits. J'en ai vu qui se drapaient dans leurs guenilles avec une inconsciente majesté de chefs barbares. Je me rappelle être resté en contemplation devant l'un d'eux. On eût dit un pasteur de peuples. Il était assis sur la margelle de la fontaine, à l'entrée du bourg. Il avait les jambes croisées, le corps penché en avant, les mains appuyées à une trique de châtaignier grosse comme le tronc d'un jeune plant. Le sommet dégarni de son crâne luisait à la clarté des étoiles ainsi qu'un miroir de bronze. De ses tempes à ses épaules tombaient des mèches de cheveux fins, d'une blancheur blonde, semi-lune et semi-soleil ; elles encadraient un profil sculptural, une tête de mage antique au nez busqué, aux pommettes saillantes, des broussailles grises ombrageant les yeux aigus, les lèvres noyées dans les flots harmonieux d'une barbe d'argent. Sa sébile posée à terre, à ses pieds, semblait attendre, non des aumônes, mais des offrandes. Il y avait dans toute sa personne une noblesse qui imposait. J'observai que les pèlerins, en allant faire leurs libations à la source, lui témoignaient une vénération mêlée de crainte, comme s'il eût été, sinon le dieu, du moins le prêtre, gardien de la fontaine.

« — Qui est ce vieux pauvre ? » demandai-je à un passant.

« — Ni moi, ni d'autres ne saurions vous le dire. On l'appelle *Pôtr he groc'hen gawr*, l'homme à la peau de chèvre, à cause de cette fourrure à demi pelée que vous lui voyez sur le dos et qui lui donne un faux air de Jean le Baptiseur. On ne sait rien de plus sur son compte, et il est probable qu'on n'en saura jamais davantage, parce qu'il est — ou feint d'être — d'une surdité à déconcerter toutes les questions. Il y en a qui prétendent que c'est un saint, il y en a qui prétendent que c'est un sorcier : ceux-ci se fondent sur ce qu'il excelle à débiter la messe en latin, aussi couramment qu'un évêque; ceux-là, sur ce qu'on ne lui connaît aucun défaut, pas même de s'enivrer, comme font ses pareils, avec les sous qu'il ramasse. Il arrive régulièrement la veille du pardon, s'assied toujours en cet endroit, y passe la nuit, dans cette posture, quelque temps qu'il fasse, et, le lendemain matin, après avoir salué la Vierge, reprend à travers pays son voyage de Juif-errant. »

V

L'unique rue de Rumengol, bordée à gauche par une dizaine de maisons, à droite par le murtin du cimetière, est encombrée de « boutiques », d'étalages en plein vent où scintille aux lueurs des lampes ou des torches le clinquant des chapelets, des médailles, des bagues, des épinglettes, tandis que les dessins pieux des scapulaires d'étoffe se balancent doucement au souffle du soir. Des paysannes sont là, attroupées, s'extasiant devant ces merveilles. Les hommes font cercle de préférence autour du jeu de *mil ha kaz* [1] si populaire parmi les Bretons, ou rivalisent d'émulation au rude

---

[1] Sorte de *roulette* très primitive.

exercice de la Tête-de-Turc. Il se faut ouvrir une trouée au milieu de tous ces gens qui stationnent, et ce n'est point chose aisée, car un Breton ne se dérange jamais de son propre mouvement; il ne bouge que si on le houspille, surtout aux heures de flânerie, où il est de pierre; on pourrait alors lui marcher dessus sans qu'il bronchât. A force de jouer des coudes, je finis par atteindre l'auberge qui m'a été recommandée. Elle est à l'extrémité du bourg, à deux pas de l'église; ses étroites fenêtres de granit flamboient dans sa façade tassée et toute noire. Une pourpre d'incendie embrase le rez-de-chaussée et des étincelles courent, rapides, sur les solives du plafond, accrochant çà et là d'éphémères constellations. Dans l'âtre, la flamme s'épanouit en une immense gerbe rouge ; le ventre des marmites fait entendre des bruits sourds et précipités comme un galop de mer qui monte. Et, dans cette atmosphère de fournaise, une cinquantaine d'êtres humains empilés les uns sur les autres soupent d'un cœur content, sans même avoir l'idée d'emporter leur repas pour l'aller manger sur le talus du champ voisin, à la fraîcheur de la nuit. Quelques uns ont dû s'accroupir à terre, leur assiette entre les genoux. Ils ne s'en indignent ni ne s'en plaignent. Un pèlerin n'est pas un commis-voyageur. Il s'installe où il trouve place, s'accommode de ce qu'on lui sert et paie ce qu'il doit en y joignant un brave merci. Je suis venu à Rumengol en pèlerin de lettres et n'ai nulle envie de faire le difficile. J'aimerais toutefois un bout de banc où m'asseoir, auprès d'un trou quelconque par où respirer.

« — Montez à l'étage, » me dit l'hôtesse.

Une pièce basse, sans autre meuble qu'une table faite de quelques planches disposées sur des barriques vides en guise de tréteaux. Les convives pour atteindre aux plats sont à peu près forcés de se tenir debout. Ceux qui ont fini ou qui n'ont pas encore eu leur pitance occupent leur attente ou leur loisir à de monotones parties de cartes. A chaque fois qu'un poing s'abat sur les ais mal ajustés, les assiettes brimbalent, et les verres dansent. Les conversations sont bruyantes ; une aigre odeur de cidre répandu vous prend aux narines : il y a déjà de l'ivresse dans l'air... La petite servante qui me guide pousse une porte au fond de la salle et m'introduit dans un retrait où il y a une vraie table et — Dieu me pardonne — des chaises. Ici, tout est paix et silence : la croisée s'ouvre sur un verger et, plus bas, sur la vallée toujours parée du grand voile nuptial que déroulent autour des peupliers et des saules les mystérieuses fées des eaux. C'est un coin de solitude, tel que je n'en eusse pas osé rêver. Je m'apprête à faire honneur à la « portion » de ragoût qui fume devant moi, quand un ronflement parti d'un des angles obscurs de la chambre vient soudain m'avertir que j'ai un compagnon et que je vais même, grâce à lui, dîner en musique.

« — Ce n'est rien, » murmure la servante, « c'est *l'homme aux chansons* : il s'est mis là pour faire un somme ; il ne vous gênera point. »

Et, après cette explication sommaire, elle s'esquive. Voyons cependant quel peut bien être cet homme aux chansons ! Je m'approche du dormeur : il est couché de son long sur le plancher, la face tournée vers la muraille, la tête appuyée à un havresac bourré de paperasses. Ce vieux havresac en peau de veau, le poil en dehors et tout élimé, ou je me trompe fort, ou je l'ai rencontré plus d'une fois avant aujourd'hui. A son seul aspect je sens au plus profond de moi comme un jaillissement de souvenirs. C'est ma *contrée* natale, c'est la Bretagne du Trégor qu'il évoque toute entière à mes yeux. Pourvu que ce soit lui !... J'abaisse la chandelle que je tiens vers le visage de l'homme. Il fait un mouvement, je le reconnais, je m'écrie :

« — Yann Ar Minouz !... »

Il ne vous dit rien sans doute, ce nom à mine exotique et qui sonne si étrangement. Retenez-le néanmoins ; c'est celui de notre dernier barde. Je devrais, hélas ! écrire : c'était..... car Yann Ar Minouz n'est plus. Les journaux des Côtes-du-Nord ont annoncé, voici près d'un an, qu'il était décédé à Pleumeur-Gautier, dans la cinquante-septième année de son âge. On ne trouvera pas mauvais assurément que je lui consacre ici une longue parenthèse. Les habitués du pardon de Rumengol le pleurent encore. Il est resté pour eux le « rimeur » sans égal. Selon l'expression d'une pèlerine qui ne passe jamais ma porte sans y heurter, « il brillait au milieu des autres chanteurs comme un louis d'or parmi les gros sous. » Mais, c'est surtout dans les régions de Tréguier, de Lannion, de Paimpol, qu'il laisse un vide attristant. Avec lui s'en est allée dans la tombe la muse de la poésie nomade, une bonne fille un peu bohème, pas très soignée dans sa mise ni assez difficile peut-être quant au choix de ses inspirations, mais vaillante, infatigable, le pied leste, la lèvre prompte, et qui, de sa voix nasillarde, menait à travers la presqu'île le branle joyeux des pardons. Dieu me garde de vous présenter Yann Ar Minouz comme un émule des Liwarc'h-hen ou des Taliésinn[1]! Il m'en voudrait d'en faire accroire à son sujet, lui qui se gaussait si volontiers des prétentions d'autrui ! Ce n'était point un esprit de haut vol : ce n'était pas non plus le premier venu. S'il n'a point fait revivre parmi nous la tradition des grandes écoles bardiques, il en a du moins prolongé l'agonie. Barde il s'intitulait — un peu naïvement sans doute, ayant

---

[1] Bardes célèbres de l'ancienne Bretagne. Cf. le Myvyrian.

adopté le mot à tout hasard, sans s'inquiéter autrement de ce qu'il pouvait signifier ; barde il était, à vrai dire, et par goût et par tempérament.

« — Je n'ai jamais été qu'un chanteur de chansons », m'a-t-il conté bien souvent; « et tel que je suis né je mourrai. On a voulu m'apprendre toutes sortes de métiers : j'étais impropre à tout, hormis à faire des vers ; cela seul me plaisait, de cela seul j'étais capable. Dans mon enfance, je fus employé à garder les vaches, mais, un matin qu'il soufflait grand vent, je laisssai là mes bêtes, et je partis du côté où le vent soufflait. C'était l'année qui suivit ma première communion. Depuis lors, je cours les chemins. Je mange où l'on me donne, je couche où l'on m'accueille. Mais, aux maisons bâties je préfère la maison sans toit, l'auberge de la Belle-Etoile, comme je préfère aussi le gazouillis des oiseaux à la conversation des hommes. »

Aux vacances dernières, étant de passage à Pleumeur, j'allai voir sa veuve, Marie-Françoise Le Moullec, et nous nous entretînmes du mort, couché à quelques pas de nous, à l'ombre de l'église, dans le pacifique enclos des tombes.

Yann vint au monde à Lézardrieux. Son père passait pour très instruit, parce qu'il savait lire, et joignait à ses occupations de tisserand les fonctions de maître d'école. Sa tâche du jour terminée, il réunissait chez lui une douzaine de galopins du voisinage et leur faisait leur classe, c'est-à-dire leur enseignait le catéchisme, leur apprenait à reconnaître la place de chaque office dans le paroissien, et leur bourrait la mémoire de vieilles complaintes flétrissant les forfaits des seigneurs d'autrefois ou célébrant les vertus des saints locaux. Cette forme élémentaire de culture convenait à merveille à l'esprit de Yann : il fit de si rapides progrès que son père, rêvant pour lui les hautes destinées du sacerdoce, l'envoya étudier à Pleumeur où il y avait un instituteur en titre, muni de plusieurs diplômes. Yann fut ainsi initié au français et même quelque peu au latin [1].

[1] Il garda toujours un goût très vif pour la lecture. Il se fournissait de livres chez Jeanne Marie Lucas, à Paimpol, qui n'eut pas d'abonné plus fidèle, et il les dévorait avec avidité, en cheminant d'un bourg à l'autre. Il s'inspirait volontiers de cette littérature d'emprunt, composée surtout de romans médiocres. De là tant d'inepties dans son œuvre.

Mais il en eut tout de suite assez. On ne chantait pas de chansons bretonnes à l'école de Pleumeur : il la déserta. Son père le trouva un beau matin endormi dans l'étable.

« — Qu'est-ce que tu fais là ? » demanda-t-il courroucé.

« — La porte de la maison était close, quand je suis rentré, hier : je n'ai pas voulu vous réveiller. »

« — Tu as donc congé aujourd'hui ? »

« — Non. Mais, je ne resterai plus là-bas, et, si vous m'y ramenez de force, vous ne me reverrez plus. »

On usa de tout pour fléchir l'enfant. Menaces, coups, supplications, rien n'y fit.

« — Tu iras donc gagner ton pain ! » lui dit-on. Et on le loua à un fermier de Saint-Drien. Depuis l'aube jusqu'au crépuscule du soir, il fut censé surveiller les vaches, les taureaux et les génisses, dans les pacages illimités. En réalité, il passait le temps, assis entre deux touffes d'ajonc, à écouter un oiseau mystérieux qui s'était mis à siffler dans sa tête, ou bien à contempler de magiques horizons, visibles pour lui seul, vers lesquels l'attirait un aimant si fort qu'il en avait des fourmillements dans les jambes. C'est là, dans la paix des landes mélancoliques, que pour la première fois l'Esprit de la poésie primitive le vint visiter[1]. Il n'avait, en effet, que douze ans lorsqu'il composa sa pièce de début, celle-là même qui, refondue et remaniée, s'est appelée plus tard la « Confession de Jean Gamin » (*Covizion Yann Grennard*). Il y disait :

Je suis un garçonnet, hardi et insouciant ;
Rien ne m'agrée tant que de jouer à la toupie ;
Faire l'école du renard[2] *me plaît aussi*
Dénicher des nids, lutter et me battre.

Déchirée est ma veste, en lambeaux mon gilet ;
Mes braies ne tiennent plus, mon chapeau n'a plus de rebords,
A force d'échanger des horions avec les camarades ;
Et, quand je rentre à la maison, là encore les coups de bâton m'at-
                                                                    [*tendent.*

---

[1] Le *recteur* de Pleumeur, M. Barra, lui avait donné les premières leçons de métrique bretonne. « Sois barde ! » disait à Yann cet homme vénérable ; « après celle de prêtre, je ne sais pas de plus belle vocation. »

[2] L'école buissonnière.

*De souper, hélas ! souvent je me dois passer
Et coucher dehors la nuit, ô la triste pénitence !
Loin de me soumettre pourtant, je me révolte ;
« Vieil étourdi ! » est le nom dont je gratifie mon père.*

*Ma petite mère est tendre et cherche à m'excuser :
Au lieu de lui en savoir gré et de lui éviter l'angoisse,
Je l'appelle « face rousse ! » et c'est tout ce que je trouve pour la
[remercier.
Il n'y a pas à dire ; décidément, je suis un être incorrigible.....*

De ces turbulences, de ces effronteries de gamin, il se corrigea avec l'âge, mais, le fond d'indiscipline qui était en lui, il ne s'en défit jamais. Sa veuve, qui n'eut pas précisément à se louer de ses façons, a retenu de lui l'image d'un homme très doux, d'une inépuisable bonté de cœur dans les circonstances ordinaires de la vie, mais incapable de se gouverner lui-même et impatient de toute contrainte. Il n'avait de mesure en rien. Souvent il se mettait à pleurer à chaudes larmes, sans qu'on sût pourquoi. Il aimait à s'envelopper de mystère, n'ouvrait à personne sa pensée, détestait les questions. Ce qui frappait surtout chez lui, c'était son humeur vagabonde. Il conserva jusqu'à sa mort le tempérament inquiet et aventureux d'un poulain sauvage. Pour peu qu'on lui fît sentir l'entrave, il se cabrait. Le maître chez lequel il servait lui ayant reproché de « muser », au lieu d'avoir l'œil sur le troupeau confié à ses soins, on sait comment il prit la chose. Le soir de ce jour-là, le troupeau rentra sans le pâtre. Yann ne reparut à Saint-Drien que dix ans après. Le village avait changé d'aspect dans l'intervalle ; la plupart des masures s'étaient donné des airs de maisons, avaient remplacé leurs cloisonnements d'argile par des murs en pierres, leurs toits de chaume par des ardoises. Une seule était demeurée la même, et c'est à la vitre de sa lucarne qu'il vint heurter. Il ne doutait point que Marie-Françoise, sa petite amie d'autrefois, ne l'y attendît. Il la retrouva, non pas telle qu'il l'avait quittée, mais telle qu'il souhaitait de la revoir. Ils s'épousèrent « devant Dieu et le Gouvernement ». Le lendemain des noces, la jeune femme dit à son mari :

« — Yann, mon amour, il faut songer à ceux qui naîtront de nous. Il y a dans notre ciel un nuage : tu n'as point de métier. Moi, je suis bonne fileuse. Si tu te faisais broyeur de lin !... »

Il se fit broyeur de lin. Et pendant une année il travailla en conscience. Parfois des tristesses subites rembrunissaient son front, mais elles se dissipaient aussitôt. Tout en travaillant, il composait, et, le dimanche venu, au sortir de la messe, il s'attablait avec quelques camarades dans une salle d'auberge, pour leur débiter ses couplets nouveaux. Très sobre, du reste, ne buvant jamais que du café. Très religieux aussi : il assistait régulièrement à tous les offices. Au bout de l'an, Marie-Françoise le Moullec lui donna une fille. Il la fit baptiser du nom de la Vierge et se prit pour elle d'une véritable adoration, à un tel point qu'il en eut l'esprit comme troublé. Dès lors il ne fut plus aussi attentif à l'ouvrage. Il restait de longues heures en extase auprès du berceau de l'enfant. Sa femme tenta de le morigéner ; il la laissait dire, la pensée ailleurs.

« — Yann », prononça-t-elle un jour, « tu aimes trop la petite. Les enfants qu'on aime trop vivent peu; ils se fanent comme l'herbe à l'ardent soleil. »

En rappelant à son mari ce vieil adage, elle espérait le ramener à des sentiments plus mesurés et plus calmes. Ce fut le contraire qui eut lieu. A partir de ce moment, Yann ne quitta plus la fillette. Ses nuits mêmes, il les passa à l'écouter dormir. Le jour, quand le temps était clément, il l'emportait dans ses bras, la serrant contre sa poitrine d'une étreinte éperdue, et, jusqu'aux premières fraîcheurs du soir, il la promenait à travers labours et landes en lui chantant de très jolies choses qu'il n'écrivit jamais. Il croyait dépister ainsi le malheur dont l'avait menacé sa femme. Il n'y réussit point : à l'âge de six ans, l'enfant mourut. Le désespoir du père fut infini comme son amour. Il fallut lui arracher des mains le cadavre et, la cérémonie funèbre terminée, la mère dut s'en retourner seule au logis.

« — Je ne remettrai les pieds chez nous » avait dit Yann « que lorsque ma fille morte y sera rentrée ! »

Il était fermement convaincu qu'elle ne tarderait

pas à ressusciter. La Vierge, sa marraine, ferait pour elle ce miracle. Il se mit à pérégriner, en attendant, — heureux au fond de reprendre sa vie errante, de ne traîner plus le boulet des besognes sédentaires et de rouvrir dans l'espace ses ailes de moineau franc. A courir les routes, sa douleur s'usa. La poésie acheva de le consoler. Sa réputation de *rimeur* s'était déjà étendue au loin. Les gens le venaient trouver pour lui commander des vers ; il en faisait avec une égale habileté sur n'importe quel sujet : de mélancoliques, pour les amoureux dédaignés, — de satiriques, contre les patrons avaricieux ou les filles coquettes. Plus volontiers il chantait les grands saints de Bretagne, célébrait les dévotions locales et disait les vertus régénératrices des sources. Il n'y eut plus de pardon sans lui. Yann Ar Guenn [1], le barde aveugle de Kersuliet, alors retiré sous la tente, apprit avec joie qu'un successeur lui était né et manifesta le désir de l'entendre. Yann Ar Minouz s'empressa de se rendre à l'appel de celui qu'il nommait son

[1] Cf. sur ce poète populaire, Introduction des *Soniou Breiz-Izel*, p. XXIV.

« parrain ». Leur entrevue eut lieu dans l'humble chaumine « du bord de l'eau », au pied de la Roche-Jaune, en aval de Tréguier. L'aveugle y vivait reclus depuis quelques années, cloué par les maux de la vieillesse à son escabelle de chêne, n'ayant d'autre distraction que de prêter l'oreille au *plic-ploc* des rames, quand montaient avec la marée les lourds chalands chargés de goëmon ou de sable, et de guetter, selon sa propre expression, le passage silencieux du bateau des âmes où il se devait embarquer avant peu pour l'autre monde. Elle fut touchante, cette entrevue, et quasi solennelle. Yann Ar Minouz, longtemps après, ne se la remémorait qu'avec émotion :

« — Voilà : quand j'eus poussé la porte, je me trouvai dans une pièce étroite où il faisait noir comme chez le diable. Dans le fond pourtant, sur l'âtre, il y avait un feu de mottes qui brûlait sans éclat. Une voix cassée de vieille femme durement me demanda : « Que vous faut-il ? » Je répondis que j'étais Yann Ar Minouz et que j'étais venu pour saluer le *père aux chansons*, le très illustre Dall [1] Ar Guenn. La vieille aussitôt de changer de ton et de m'adresser des paroles de miel : « Dieu vous bénisse, ami Yann ! Il tardait à mon mari de vous connaître... Je suis Marie Petitbon. Vous allez goûter de mes crêpes. Je les fais aussi bien que Dall Ar Guenn les vers..... Approchez-vous du foyer. Que mon pauvre homme du moins vous embrasse, puisqu'il ne peut vous voir ! » Ah ! c'était une belle discoureuse, je vous promets, et qui n'avait pas sa langue dans la poche de son tablier. Mais, tandis qu'elle me fêtait de la sorte, moi je ne songeais qu'à me repaître les yeux du bonhomme dont je commençais à distinguer la grande forme osseuse, assise et comme repliée dans un coin de la cheminée. Mon cœur battait à se rompre. Lorsqu'il tourna vers moi son visage majestueux, encadré de cheveux blancs comme givre, et à qui l'immobilité des paupières communiquait quelque chose de plus qu'humain, je crus voir le Père Eternel en personne et je fus

---

[1] En Basse-Bretagne, on désigne le plus souvent les infirmes par leur infirmité. *Dall Ar Guenn*, l'aveugle Le Guenn ; *Tort Ar Bonniec*, le bossu Le Bonniec. Cela ne passe nullement pour une irrévérence.

sur le point de tomber à genoux. Il me tendit sa main ridée. « Chante ! » me dit-il. Deux heures durant je chantai. Si je faisais mine de m'arrêter, il me criait : « Dalc'h-ta, mab, dalc'h-ta ! (1) » Je lisais sur sa figure un vrai contentement. Quand j'eus fini, il murmura : « Allons ! Allons ! désormais je peux mourir tranquille ». Et, m'attirant à lui, il me donna l'accolade. J'avais en moi l'allégresse d'un missionnaire que son évêque vient de consacrer. »

Cette consécration fut pour beaucoup dans les nobles illusions dont Yann se berça tant qu'il vécut sur la qualité de son talent. Il avait de son art une très haute idée et ne pensait pas moins de bien de la façon dont il l'exerçait. Les ouvriers de l'ancienne imprimerie Le Goffic, à Lannion, n'ont pas oublié de quel air de condescendance et de supériorité ce barde équipé en mendiant déposait sur le marbre ses extraordinaires manuscrits. De ceux-ci, j'ai quelques spécimens en ma possession. Le papier en a été ramassé Dieu sait où, comme par un crochet de chiffon-

(1) « Va donc, fils ! Va donc ! »

nier. Ce sont marges de journaux, versos de prospectus, feuilles arrachées à des livres de comptes, copies d'écoliers barbouillées d'encre et maculées de la poussière des chemins. Un bout de fil les relie. La grosse écriture de Yann y a tracé ses longs sillons, d'une allure à la fois obstinée et fantaisiste ; telles les épaisses et sinueuses tranchées que la charrue creuse au sein des friches d'automne. Lourdes sont les strophes, en général ; pénible ou négligée est la langue. Mais de ci de là un vers s'envole, un joli vers sonore qui sur ses ailes emporte toute la pièce. Pour égayer la monotonie des landes, souvent c'est assez du chant d'un oiseau.

C'est par blocs de dix, de vingt mille exemplaires que le poète faisait imprimer ses élucubrations. Pour plus de commodité, il les répartissait entre les quatre ou cinq régions qu'il avait coutume de parcourir ; il en confiait le dépôt à des amis sûrs, lesquels se chargeaient de le fournir de marchandise au fur et à mesure des besoins de la vente. Ainsi le havresac en peau de veau ne se vidait que pour se remplir. Dès les premiers jours de mars, Yann entrait en campagne. Alors s'ouvre en terre bretonnante l'ère des foires et des pardons. Alors, sur les deux versants des monts d'Aré, les routes se peuplent de piétons, de bestiaux, de carrioles. Alors les écus d'argent se réveillent sous les piles de linge, au fond des armoires; les gars sortent leurs vestes neuves et les filles leurs coiffes brodées. La face encore mouillée de la vieille péninsule s'éclaire d'un fin sourire. Rien n'est délicat et attendrissant comme ces printemps occidentaux : ils ont un charme, une douceur, un je ne sais quoi de virginal qui n'est qu'à eux. Une lumière d'or pâle ondule dans le ciel; l'air reste aiguisé d'une pointe de fraîcheur saline. Les lointains sont bleus, d'un bleu atténué presque transparent. Au sommet des collines, les clochers s'élancent d'un jet plus hardi, se renvoyant d'une paroisse à l'autre le tintement de leurs carillons. Ces grêles sonneries, il suffit d'avoir fréquenté d'un peu près le peuple breton pour savoir quelle action puissante elles exercent sur son âme, quel retentissement elles ont en lui. S'il se trouvait, dit la légende, un plongeur assez

audacieux pour aller mettre en branle le bourdon
— depuis si longtemps muet — de Ker-Is, la
ville entière, la *Belle aux eaux dormante*, renaîtrait
dans toute sa splendeur à la surface des flots qui
l'ont engloutie. C'est en somme le miracle qui
s'accomplit tous les ans au sein de la race, dès
que s'éparpillent sur le pays les premières volées
des cloches de pardons. Un monde inattendu de
sentiments, d'une grâce singulièrement jeune et
poétique, émerge soudain des profondeurs grises
de la conscience bretonne, évoqué par ces musi-
ques aériennes. Ce peuple d'ordinaire si grave
devient alors d'une gaîté, d'une insouciance d'enfant. Il déserte ses toits de chaume où l'hiver l'a
tenu enfermé, sans même prendre la précaution de
tirer derrière lui la porte. Il se disperse au dehors,
vers les villes voisines, ou s'assemble autour
de ses chapelles et de ses oratoires, souvent
sur les bords d'une simple fontaine à peine visible
sous les saules, au milieu d'un pré. Du prix du
temps, du prix même de l'argent il n'a plus
qu'une notion confuse. Une fringale de plaisir
s'est emparée de lui. Plaisirs discrets d'ailleurs,

innocents presque toujours, rarement grossiers. Des luttes et des danses, voilà ses distractions favorites. Mais au-dessus de tout il place les chants, et les chanteurs de profession lui sont sacrés.

Yann n'avait qu'à paraître pour que la foule s'attroupât et, tant qu'il lui plaisait de se faire entendre, elle demeurait suspendue à ses lèvres. On s'arrachait les feuilles volantes où la chanson s'étalait *en écriture moulée*. Les jeunes filles les glissaient, repliées soigneusement, dans l'entre-deux de leur châle ou dans la *devantière* de leur tablier ; les gars en bourraient leurs poches ou les épinglaient à leur chapeau. Il n'est pas une ferme en Trégor où l'on ne trouve, jaunissant au soleil, à côté de la *Vie des Saints*, dans l'embrasure de la fenêtre, les œuvres en tas de Yann Ar Minouz. Les pièces de deux sous pleuvaient littéralement aux pieds du barde. Il n'eût tenu qu'à lui d'amasser ainsi une modeste aisance, démentant le dicton qui veut que la poésie soit un métier de meurt-de-faim. Mais il était trop de son pays et de sa race pour avoir le sens de l'économie. Il se contentait de vivre au jour le jour, dépensait sans compter, en vrai seigneur de lettres, et, dans les semaines d'opulence, se payait le luxe d'une cour de gueux qui se gobergeaient à ses frais en exaltant sa générosité.

Pas une fois il ne lui vint à l'esprit d'envoyer à sa femme quelque peu de l'argent qu'il gagnait. Il semblait ne se souvenir plus qu'elle existât. Elle, de son côté, avait trop d'amour-propre pour s'abaisser à recourir à lui. Il lui avait laissé, en l'abandonnant, quatre « créatures » sur les bras, quatre gaillards de fils nés dans les quatre ans qui précédèrent la mort de la petite Marie. Pour les élever, elle se mit en service. Pendant qu'elle peinait chez les autres, une voisine obligeante surveillait sa maison et gardait sa marmaille.

« — Un soir que je rentrais de l'ouvrage, j'aperçus un homme qui se haussait pour regarder par la lucarne à l'intérieur de la chaumière. Je reconnus Yann. Son coup d'œil jeté, il s'en alla. Il était sans doute venu voir si la petite Marie n'était pas encore ressuscitée. A de longs intervalles il fit ainsi quelques retours dans nos parages ; une seule fois nous nous rencontrâmes. Il me dit, d'un ton affectueux : « bonjour, Marie-Françoise » ; je lui répondis : « bonjour Yann » ; et ce fut tout. Il ne me demanda même point de nouvelles de nos fils, dont l'aîné était déjà établi maçon, à Lézardrieux... »

A l'occasion du mariage de ce fils aîné, les deux époux se rapprochèrent. Yann vînt en personne apporter son consentement. Il ne témoigna ni repentir, ni embarras, fut gai, enjoué, chanta force chansons et, la nuit des noces, s'alla coucher tranquillement aux côtés de sa femme, dans le lit de leurs éphémères amours. Le lendemain, il reprenait son essor. Mais, dans la semaine, on le revit. Et peu à peu il se fixa. A dormir à la belle étoile il avait gagné des rhumatismes ; la voix aussi s'était enrouée et les poumons commençaient à manquer d'haleine. La tiédeur paisible du foyer eut bientôt fait d'engourdir en lui les dernières révoltes de l'instinct nomade. Il finit par accrocher son bâton de voyage à l'angle de la cheminée, en murmurant le vers de Proux :

Hac ar c'henvid da steuîn ouz va fenn-baz dëro (1).

Désormais, il ne s'éloigna plus de Pleumeur, si ce n'est pour accomplir annuellement deux pélerinages auxquels il demeura fidèle jusqu'au bout, quoi qu'on fît pour l'en détourner : le premier au Ménez-Bré, où s'élève la chapelle de saint Hervé, patron des bardes ; — le second à Rumengol, rendez-vous traditionnel des chanteurs.

VI

... Il s'est assis en face de moi, auprès de la fenêtre ouverte par où nous arrive à petites bouffées la délicieuse fraîcheur de la nuit.

... « — Oui, pourquoi ce pardon s'appelle-t-il le *pardon des chanteurs ?* Vous me le direz peut-

---

(1) Les araignées peuvent tisser leur trame autour de mon *penn-baz* de chêne.

être, vous Yann, qui savez toutes choses. Il doit y avoir une autre raison que celle que m'a donnée le conscrit... »

« — Assurément, il y en a une autre, la vraie. Je vais vous l'apprendre, puisque vous l'ignorez. C'est de l'histoire ceci.

« Lorsque le roi Gralon, après avoir terminé son purgatoire sur la terre, franchit enfin le seuil du paradis, la première personne qu'il rencontra fut la Vierge, laquelle se mit à le remercier fort honnêtement de la belle église qu'il avait commandé de lui bâtir. « S'il manquait encore quelque chose à votre bonheur, ajouta-t-elle, sachez que je suis toute disposée à vous l'accorder ».

« Hélas ! répondit le vieux roi, tant que ma fille Ahès continuera de faire dans la mer de Bretagne son triste métier de tueuse d'hommes, cette idée me poursuivra et je ne serai pas heureux. » La Vierge baissa la tête. « A cela je ne peux rien, » dit-elle. — « Tu pourrais du moins l'empêcher de nuire, écarter d'elle la malédiction des peuples en lui ôtant sa voix séduisante, instrument de tous ses crimes ! » — « Non plus, ô Gralon. Ce qui est doit être. Mais écoute. Je ferai naître une race de chanteurs qui chanteront à voix aussi douce que la sirène et, par les mêmes armes, combattront ses maléfices. J'unirai en eux le don des beaux rhythmes au culte des pieuses pensées. Où Ahès aura passé, semant le deuil et l'épouvante, ils passeront, semant l'espérance et le réconfort. Ils berceront les douleurs qu'elle aura causées, rendront la paix aux âmes qu'elle aura remplies de consternation. Et, de même que je suis la Vierge de Tout-Remède, il seront les guérisseurs de tout souci. Le mois de mai, qui est mon mois, les verra chaque année accourir à mon pardon de Rumengol. Là coulera pour eux, d'une onde intarissable, la source des sônes et des gwerz ; et de là ils se répandront, pour célébrer à travers le monde la force des hommes d'Armorique, la grâce de leurs filles, les exploits de leurs ancêtres, et ta propre destinée, ô Gralon ! Guérets et landes, aires des fermes et places des villages retentiront de leurs accents infatigables. Et l'on dira d'eux, du plus loin qu'on les apercevra : Voici venir les rossignols de la Vierge ! »

« Ainsi parla Notre-Dame, et le vieux roi sentit une grande joie dans son cœur. Vous savez maintenant ce que vous désiriez savoir. »

Je prononce devant Yann le nom du poète breton Le Scour, qui s'intitula *Barde de Rumengol*.

« — Certes » fait-il, « il a plus qu'aucun autre mérité ce titre. Il a écrit tout un *livret* [1] en l'honneur de ce sanctuaire. J'ai connu Ar Scour. Il menait de front l'art des vers et le négoce des vins. C'était un barde riche ; l'espèce en est rare. Au moins ne dédaignait-il pas ses confrères pauvres, ceux qui, comme moi, n'ayant pas de vin à vendre, sont obligés de vivre de leurs vers. Il se montrait serviable envers eux, leur ouvrait volontiers sa porte et sa bourse. La maison qu'il habitait à Morlaix était hospitalière à quiconque faisait profession de rimer. Parmi les chants qu'il a composés, il en est qui dureront aussi longtemps qu'on parlera breton en Bretagne. Qui ne sait par cœur la *Gwennili tréméniad* (l'Hirondelle de passage) ? De méchantes langues, il est vrai, ont prétendu que ses meilleures pièces n'étaient pas

[1] L'opuscule *Télen Rumengol* (La Harpe de Rumengol).

de lui, que d'autres y avaient mis leur talent et qu'il n'avait eu la peine que d'y mettre son nom. Il y a beaucoup d'exagération dans ces racontars.

« Je dois dire toutefois que *Plac'hik Eussa* (1) — le morceau le plus achevé incontestablement de sa *Télen Rumengol* — est une très ancienne gwerz qu'il s'est appropriée et dont il s'est contenté d'épurer la forme. Enfant, je l'ai entendu chanter à mon père. Il la fredonnait, en poussant la navette, — et cela, sur un air si lent et si triste qu'il nous faisait pleurer tous. J'ai retenu sa méthode. Si vous êtes encore là, ce tantôt, quand arriveront les processions d'Ouessant, passez au cimetière ; vous verrez comme je lui sais tirer les larmes des yeux, à cette impassible race de forbans ! »

Nous sortons ensemble, mais sur le seuil de l'auberge nous nous séparons. Puisque cependant je l'ai réveillé de son somme, Yann en veut profiter pour commencer sa tournée dans les *débits* et sous les tentes. Il compte bien y écouler les exemplaires qui lui restent de sa fameuse *Dispute entre l'Eau-de-Vie*

(1) « La fillette d'Ouessant ».

et le Café. Moi, j'ai pris à gauche. Voici le porche du cimetière dessinant son grand arc sombre et, à côté, un if immense, un arbre aussi vieux que les temps, l'arbre des morts, sorte de baobab funèbre engraissé de la pourriture humaine de plusieurs siècles. Un tronc bizarre, tourmenté, tordu en spirale, les racines crevant le mur, les branches poussées dans une seule direction et très bas, presque au ras des tombes. Il couvre de son ombre le pauvre enclos, y verse sa tristesse lourde, si dense, étalée en une flaque noire et sans rides. Une allée plantée de croix conduit au porche de l'église : il règne dans ce caveau une obscurité compacte ; des bruits de respirations endormies rythment le silence. A la mince lueur qui filtre par instants, lorsque viennent à s'entrebailler les battants de la nef, on distingue des formes d'hommes, de femmes, vautrés pêle-mêle sur les bancs de pierre, au long des parois. Un mendiant étendu la tête sur son bissac, avec son bâton de route entre les jambes et un barbet à ses pieds, a l'air sculptural d'un évêque de granit couché dans un enfeu, les mains jointes sur sa crosse, les sandales appuyées à quelque animal héraldique.

Dans l'église, à dix heures. Un peu trop doré, cet intérieur d'église, trop surchargé d'ornements criards. Il est éclairé vaguement par des cierges qui brûlent derrière un pilier où s'adosse la madone du lieu. Et cette lumière, émanée comme d'une source invisible, cette lumière diffuse est d'une mystique douceur. Elle effleure d'une caresse les coiffes blanches des « prieuses », coiffes de Douarnenez aux mailles fines, coiffes de Carhaix aux fonds aplatis, coiffes de Concarneau pareilles à des raies fraîchement pêchées, coiffes de Châteaulin aux ailes palpitantes, coiffes léonardes bombées comme des vases aux anses grêles et délicates. Dans l'abside, prosterné en cercle devant les marches de l'autel, un groupe de femmes murmure les *ave* du rosaire et, de toute l'église, leur répond un plaintif chuchotement. Et cela est d'une poésie troublante, cette interminable oraison qui tout à coup semble s'éteindre et soudain reprend, imprécise toujours et ondulante, ainsi qu'un frisselis de feuilles aux souffles irréguliers du vent. Prière exhalée comme en rêve par un millier de lèvres assoupies. Jusqu'au matin se continuera la veillée. Tous ces gens harassés ont fait vœu de passer la nuit dans le sanctuaire : pour rien au monde ils ne quitteraient leur poste, pas même pour le meilleur des lits. La fatigue des traits, l'abandon des membres ajoutent encore à l'étrangeté du spectacle, font songer aux chœurs de suppliants des tragédies antiques. La comparaison n'est point aussi paradoxale qu'on le pourrait supposer. J'ai vu là des figures d'une admirable morbidesse, des types irréprochables de beauté austère et douloureuse. Telle, cette jeune fille qui a laissé rouler sa tête sur l'épaule de son frère ou de son fiancée ; elle dort d'un sommeil qui ressemble à une extase et, jusque dans l'affaissement de tout son être, elle garde un je ne sais quoi de souple, de svelte et d'harmonieux. Telle aussi, cette paysanne assise sur ses talons, face triste, vieillie avant l'âge, plissée par les soucis, polie, usée par les larmes ; elle égrène d'une main son chapelet, de l'autre elle soutient le corps de son fils — grand adolescent pâle, rongé par quelque maladie incurable — qui repose, allongé en travers sur ses genoux ; elle le couve ardemment des yeux, semble le bercer, comme d'une chanson sans fin, de ses récitations obstinées de patenôtres. Et c'est en vérité une Mère aux sept Douleurs que cette femme, une pathétique et vivante image de la *Piétà*....

Au dehors, un chant s'élève, — une mélopée lente, en mineur, une de ces pénétrantes psalmodies bretonnes où sans cesse la même phrase revient, tantôt sourde comme un sanglot, tantôt aiguë et stridente comme le hurlement d'un chien blessé. C'est une autre veillée qui commence, la veillée des cantiques, dans le cimetière. Pèlerins et pèlerines ont pris place parmi l'herbe des morts ou sur les tertres des tombes. Juchée sur une tombe plus haute, le dos à la croix, une fille chante, — une fille de Spézet, longue et mince, le buste serré dans un corsage noir à galons de velours, la tête menue, les yeux trop grands. Une voisine accroupie à ses pieds lui souffle les premières paroles de chaque couplet qu'elle déchiffre à mesure dans un vieux recueil d'hymnes, au vacillement fumeux d'une chandelle. La voix de la chanteuse a des vibrations singulières ; ce sont d'abord des notes basses, voilées, qu'on dirait venues de très loin et qui restent comme suspendues dans l'air ; puis, brusquement, ou du moins sans transition appréciable, le chant se précipite, s'exaspère, éclate en un grand cri rauque, de sorte que la fille est à bout de voix quand elle arrive à la fin de chaque strophe. L'assistance alors entonne le refrain, le *diskân,* sur un rythme large et traînant, d'une infinie tristesse. Et la chanteuse de reprendre aussitôt, sans une pause, sans une relâche. Les artères de son cou rejeté en arrière sont tendues comme des cordes : sur ses joues enflammées la sueur ruisselle ; le corsage s'est dégrafé à demi sous l'effort de la poitrine ; le lacet de la coiffe s'est rompu : il n'importe. Epoumonnée, hors d'haleine, elle s'entête à chanter. Vainement lui offre-t-on de la suppléer un instant. Elle ne veut pas. Elle redouble d'acharnement, au contraire, elle se grise, elle s'exalte. C'est presque du délire, de la fureur sacrée. On rêve d'une prêtresse des cultes primitifs, d'une possédée des anciens dieux. Des parcelles subtiles de leur âme ont dû survivre dans cette atmosphère de Rumengol.

... Je m'en suis allé par des sentiers de traverse, le long de la petite rivière, vers le Faou. Il est trois heures environ. Déjà des blancheurs rosées illuminent doucement les confins du ciel. C'est à croire qu'il dit vrai, le dicton local, qui prétend qu'ici, tant que dure le pardon, la nuit même est encore du jour. La brise de mer s'est levée. Entre les verdures une chose claire apparaît, une pointe d'Océan enfoncée aux cœur des terres. Et voici Le Faou, vieux murs, vieilles ardoises, toute une bourgade citadine d'un aspect d'autrefois dominée par la *maison de ville*, débris monstrueux de l'époque féodale. Un quai, une mâture de sloop finement découpée sur le fond gris-perle des eaux lointaines, la solitaire silhouette d'un *gabelou* perchée à l'extrémité du môle dans l'attitude d'un cormoran au repos. Les brumes d'ouest en s'effrangeant découvrent des promontoires hantés de grands noms ou de miraculeux souvenirs, Kerohan, le Priolly, Landévennec. Une forme de nuage, flottante d'abord, peu à peu se précise, se condense, se tasse, et c'est le Ménez-Hom, — le *chef de troupeau* des Monts-Noirs, leur vedette sur l'Atlantique, — avec sa croupe renflée, son mufle à ras de sol, tendu vers le large, comme flairant un perpétuel danger.

Cependant, sous les reflets encore indécis de la lumière orientale, la mer frissonne, la mer *s'éveille*. Des pourpres légères se répandent à sa surface : telles les rougeurs dont se colore le sein pâli d'une vierge, quand son cœur se met à battre à l'approche du bien-aimé. Je ne sais rien de comparable à ce réveil de la mer, dans le crépuscule matinal d'une belle journée d'été breton. Il semble qu'on assiste à l'aurore primitive, à la première apparition du jour sur le monde, lorsque les eaux furent séparées des continents et la lumière d'avec les ténèbres. Dans ces grands paysages tranquilles d'extrême occident — où l'homme, resté frère des choses, n'a pas encore imposé à celles-ci sa personnalité envahissante et déformatrice — les levers d'aube ont gardé toute la poésie, tout le charme de leur grâce adolescente et de leur mystérieuse majesté.

... Au tournant de l'île de Tibidi, du « rocher de la prière » — ainsi appelé des fréquentes retraites qu'y firent Gwennolé et ses disciples — une voile se montre, et, derrière elle, on en voit poindre d'autres, piquant çà et là de notes brunes la grise uniformité des lointains. C'est la procession des barques d'Ouessant qui fait son entrée dans la « rivière ». Lourdes et robustes gabarres de pêche, taillées pour la lutte quotidienne avec l'autan, mais qu'on a parées pour la circonstance à l'instar des nefs sacrées. Serait-ce que l'eurythmie de ces flots calmes, dans cette méditerranée abritée et silencieuse, les déconcerte et les intimide, elles, les habituées de la tempête, les affronteuses des houles déchaînées ? Ou bien faut-il croire qu'elles ont quelque sentiment de la solennité de leur rôle ? Toujours est-il qu'elles s'avancent avec une sorte de lenteur grave, de cette allure noble et cadencée que devaient avoir les trirèmes helléniques voguant vers la blanche Délos, à travers le *sourire innombrable* de la mer. Elles s'engagent dans le chenal, à la file, « amènent » leur toile, rangent le quai, accostent, débarquent leurs passagers : et toutes ces manœuvres s'accomplissent sans bruit, presque sans gestes. Les femmes prennent terre les premières ; d'aucunes, fidèles à la coutume antique, se prosternent pour baiser le sol, à l'endroit où commence, au dire de la tradition, la zône bénie, le domaine de Notre-Dame. Et maintenant elles s'acheminent par groupes vers la « maison de la sainte ». Toutes vont pieds nus, toutes ont un cierge dans les mains. Grandes pour la plupart, un peu hommasses, les traits réguliers, mais durs et d'une fermeté trop virile, la peau du visage non point hâlée, rosée plutôt — chez les vieilles comme chez les jeunes — de ce rose vif des chairs conservées dans la saumure. Seuls, les yeux sont beaux : leur nuance d'un roux verdâtre fait penser à des transparences d'eau marine dormant au creux des roches sur un lit de goëmons. Ce sont, d'ailleurs, des yeux tristes et qui mirent, en leur limpidité

dolente, l'ombre des deuils passés ou le pressentiment des catastrophes à venir. Il n'en est pas une, de ces Ouessantines, qui de la naissance à la mort ne soit vouée à un pleur éternel. Elles vivent toujours en proie aux épouvantements de la mer qui leur prend leurs pères, leurs fiancés, leurs époux, leurs fils. De là ce costume de veuve dont elles se revêtent, pour ainsi dire, au sortir du berceau et qu'elles ne quittent plus jusqu'à la tombe. Noir le corsage, noire la jupe, noir le tablier, noire enfin la gaîne d'étoffe où s'enfonce et se dissimule le béguin blanc aux rigides cassures. Elle a quelque chose d'hiératique, cette grande coiffure carrée, et elle rappelle d'assez près, avec ses pans tombants, le *pschent* de l'ancienne Egypte.
— Aucun atour, nulle coquetterie. La chevelure même, orgueil de la femme, couronne de sa royauté, s'effiloque sur la nuque ou pend le long des joues en mèches écourtées et vagabondes. Tout cela, cet accoutrement sombre, ces crins épars autour de ces faces mornes, plus encore l'espèce de lamentation qui s'exhale des lèvres en guise de prière, tout cela vous serre le cœur,

éveille dans l'esprit des images funèbres : on croit voir passer un troupeau de victimes que chasse devant elle l'antique Fatalité.

Elles suivent la route, absorbées dans leurs dévotions, sans se laisser distraire par la tiédeur intime du paysage, par cette flore odorante, par cette jeune verdure dont leurs regards pourtant sont si peu coutumiers et dont beaucoup d'entre elles respirent aujourd'hui pour la première fois le pénétrant arôme. Ce sont choses qui ne les touchent point, si sevrées qu'elles en puissent être dans leur île sauvage, presque à nu sous son maigre manteau d'herbe brûlée. Elles passent indifférentes à toutes ces séductions de la « Grande Terre »; elles n'ont d'yeux que pour la fine aiguille de granit qui se profile là-haut, sur la crête, derrière le rideau des bois. Droit au-dessus de la pointe, une étoile attardée brille encore, d'un faible scintillement, dans le ciel à moitié envahi par le flot montant de la lumière. Et cette petite clarté pâle apparaît vraisemblablement aux Ouessantines comme un *signe* céleste, car elles ne l'ont pas plus tôt aperçue qu'elles entonnent d'un commun élan l'hymne de la Vierge, transcription bretonne de l'*Ave maris stella*.

Ni ho salud, stéréden vor !...

Les voix rebondissent au loin dans le large écho des montagnes. Les hommes restés un peu en arrière pressent le pas. Je me suis mêlé à leur groupe : une cinquantaine de grands gars en *tricot* de laine grise ou bleue, avec des muscles énormes, des poings de géant et de bonnes figures placides, d'une enfantine douceur. Des touffes de sourcils enchevêtrés ombragent leurs prunelles trop claires, aux teintes indécises, comme délavées par les embruns. Ils sont accueillants et expansifs. Ils m'apprennent qu'ils sont partis d'Ouessant la veille, qu'ils ont mis près de dix heures à franchir l'Iroise et qu'ils ont emporté des provisions pour trois jours, « parce que, chez nous, voyez-vous, on sait bien quand on sort, mais on ne sait jamais quand on rentre. » D'espace en espace un aubergiste les hêle, assis sur un tonneau, dans la douve, auprès de son comptoir couvert de bouteilles :

« — Eh bien ! les *gens de l'Enès* [1], on ne prend pas un *boujaron* ? »

Gaîment ils répondent :

« — Nous en prendrons deux au retour. »

Ils sont à jeun depuis minuit, afin de pouvoir communier à la messe d'aube. Chacun d'eux accomplit le pèlerinage pour son clan et doit rapporter à tous les siens la bénédiction de Notre-Dame. Il n'y a pas de famille dans l'île qui n'ait parmi eux son représentant, son délégué, muni des recommandations les plus expresses. Souvent on le tire au sort, à la courte paille. Son premier soin, dans la semaine qui précède le départ, est de faire visite à toute la parenté, depuis le grand-oncle jusqu'à l'arrière-petit-cousin. Tous ont à le charger de quelque « commission » pour la sainte. C'est l'aïeul qui sent que sa vue baisse et qui demande qu'elle lui soit conservée ; c'est la tante Barba qui a les « gouttes » et qui supplie qu'on l'en délivre ; c'est *tonton* Guillou, tourmenté par un

---

[1] *Ile*. Les insulaires des côtes bretonnes appellent leur île l'*Ile* tout court, comme les continentaux ne les désignent d'ordinaire que par le nom d'*Iliens*, sans autre qualification.

procès, et qui compte sur la Vierge pour intervenir auprès des juges ; c'est Gaïdik Tassel, une nièce souffrante, surnommée la *Trop-blanche*, à cause de sa pâleur : elle se languit, à peine au seuil de ses vingt ans, d'un mal dont ni elle, ni personne ne saurait dire la cause ; mais la Vierge de Tout-Remède s'y reconnaîtra... Que d'autres vœux encore ! Et que de prescriptions, dont quelques unes fort compliquées ! « Ce sou que voici, tu le déposeras dans le tronc de l'église ; celui que voilà, tu le laisseras tomber dans la fontaine. Garde-toi de confondre. » Ou bien : « Tu allumeras un cierge à la droite de la madone et tu noteras combien de sauts aura fait la flamme avant de brûler d'une clarté tranquille ». Bref, tout un système inextricable de rites où notre mémoire de civilisés se perdrait. L'*îlien*, lui, s'y retrouve aussi aisément que dans l'écheveau d'agrès de sa gabarre. Il range, il ordonne tout cela dans sa tête, avec les habitudes de méthode et de classement particulières aux matelots. Soyez assuré qu'il n'omettra aucun détail et qu'il s'acquittera point par point de la mission de confiance dont il est investi. Pour peu qu'il y manquât, il croirait commettre un sacrilège. La destinée des êtres qui lui sont chers n'est-elle pas intéressée à ces pratiques ? Et lui-même n'est-il pas le premier, du reste, à avoir foi en leur efficacité ?

On ne cite qu'un seul exemple d'*ilien* ayant failli. Le malheureux aimait à boire ; le démon de l'eau-de-vie le possédait. Il s'oublia dans une des tavernes du Faou, ne mit pas les pieds à Rumengol. Quand les personnes qu'il avait amenées revinrent du pardon, elles le trouvèrent dégrisé et repentant ; elles ne refusèrent pas moins de retourner à son bord, et bien elles firent, car on n'entendit plus parler de lui ni de sa barque : la mer ne rendit même pas son cadavre.

Et l'Ouessantin qui me fournit ces renseignements ajoute d'un ton grave :

« — Heureux encore qu'il n'ait pas attiré sur sa race de pires infortunes ! »

Je lui demande :

« — Dans quel dessein ces femmes vous ont-elles donc accompagné, au lieu de se faire représenter par un père, un mari, un fils ou quelque cousin ? »

« — Hé ! » prononçe-t-il, « c'est apparemment qu'elles n'ont plus ni l'un ni l'autre. Ils sont nombreux à l'Ile, les foyers sans hommes ; et il se couche chaque année bien des Ouessantins dans le grand cimetière où l'on est à soi-même son propre fossoyeur ! »

Du geste, il me montre là-bas l'Océan, — la douce mer rose, voluptueusement étalée sur un peuple de morts...

VII

A petits coups pressés, la cloche tinte. Et c'est le signal d'un remuement universel. Des granges, des étables, des soupentes des auberges se lève une multitude en désordre, visages encore bouffis de sommeil, avec du foin dans les cheveux et des plaques de poussière dans le dos. On se débarbouille en un tour de main d'un peu d'eau puisée à l'auge de la cour. Les femmes redressent leur coiffe, tapotent leurs jupes et leur tablier. Des files interminables s'acheminent vers le sanctuaire. Il sort du monde de partout ; il en surgit des prés, il en descend des arbres même, des gros chênes nains sculptés par le temps en forme de sièges. La terre de Rumengol tout entière présente l'aspect d'un lit défait, d'une couche immense où des milliers d'êtres ont dormi ; et, des herbes écrasées, des grands foins foulés gardant l'empreinte des corps, un parfum monte qui embaume 'espace.

Çà et là des tas de cendres fument encore, pareils à des feux de bivouacs abandonnés.

En Juin, saison des nuits tièdes, les paysans bretons ne font point rentrer les troupeaux, les laissent paître ou ruminer en liberté sous les étoiles, pour les reposer de l'étable. Et Rumengol, avec ses eaux vives dans son vallon accidenté, est un centre renommé d'élevage. Aussi, en ce clair matin, tous les alentours de la bourgade sont-ils comme mouchetés de taches blanches, ou rousses, ou noires

C'est par centaines qu'il faudrait nombrer les têtes de bétail éparses sur les pentes. Elles se meuvent avec la belle indolence des animaux repus; un peu étonnées d'une telle affluence de monde dans la monotonie habituelle de leur solitude, elles appuient aux claies des barrières ou tendent par-dessus les haies d'ajonc leurs mufles emperlés de rosée, et meuglent doucement en roulant leurs gros yeux graves. Plus d'un pèlerin allonge le bras pour caresser leur poil au passage : elles font partie du décor traditionnel de la fête. N'est-il pas écrit dans la Vie de la Vierge qu'elle enfanta le *Mabik* au milieu des bœufs? Et Notre-Dame de Tout-Remède n'a-t-elle pas souci des bêtes à l'égal des hommes ?

Une année, des saltimbanques — des mécréants — dérobèrent nuitamment une vache. Ils l'avaient emmenée dans la forêt du Kranou et s'apprêtaient à l'abattre pour se régaler de sa chair, quand éclata un orage subit que rien dans l'état de l'atmosphère ne faisait prévoir. Trois coups de tonnerre retentirent, foudroyant à la fois les voleurs et l'arbre auquel la vache était attachée, mais sans causer à celle-ci le moindre dommage, bien au contraire : car, son lien ayant été rompu dans la secousse, elle put rejoindre le troupeau avant même qu'on eût eu le temps de s'apercevoir qu'elle y manquât. Par la suite il résulta pour elle de cette aventure quantité d'avantages. Nul ne douta, en effet, qu'elle n'eût été sauvée par un miracle ; on la considéra comme une « protégée » de la Vierge et on la traita avec les égards dus à sa qualité ; elle eut désormais la meilleure litière et le râtelier le mieux garni, et, après avoir vécu dans l'abondance, elle mourut paisiblement de vieillesse, sans avoir connu l'exil des foires lointaines.....

Pour se faire une idée de la surprenante variété de notre race, de la diversité de ses types et de la richesse de ses costumes, il n'est que d'assister à la sortie de la messe d'aube, dans le cimetière de Rumengol, le jour du pardon. Toute la Bretagne est rassemblée là comme en un raccourci puissant. Que de reliefs et de contrastes ! Ici, les Léonards aux grands corps, spéculateurs hardis et fanatiques sombres, nés pour être marchands ou prêtres, et dont les lèvres dédaigneuses ne se desserrent volontiers, dit-on, que pour réciter la prière ou pour parler argent. Près d'eux, les Trégorrois, aux yeux vifs et nuancés, à la physionomie ouverte, discoureurs aimables, avec une pointe d'ironie dans leur sourire. Là, les *Tran'Doué* [1], équipés à la façon des Mexicains d'une veste brodée de jaunes arabesques et d'un pantalon très ample s'évasant au-dessus des chevilles : beaux hommes pour la plupart, la figure encadrée d'un large collier de barbe rousse, ils laissent à leurs femmes les besognes qui déforment, n'ont, quant à eux, d'autre souci que de promener leur fière prestance de mâles à travers les foires et les pardons. Et voici le bleu clair, le bleu azuré des *glazik* [2] de Cornouailles, où courent en festons les tons d'or de la fleur du genêt. Un peu lourds et pansus, ces Bretons du sud, et joyeux d'une bonne joie matérielle qui éclate dans leurs faces rondes, rases, roses et poupines, dans leur goût

---

[1] On appelle ainsi, du juron qui leur est familier, les hommes du canton de Pont-Labbé, les maris des *Bigoudenn*.

[2] *Glazik*, les hommes vêtus de bleu.

des couleurs, des choses voyantes, dans l'allégresse grivoise de leurs chansons. Ils ne font que mieux ressortir l'élégance montagnarde des fils de l'Aré, souples et droits ainsi que des pins, et pareils, dans leur accoutrement de laine brune, à des pasteurs des temps primitifs, — ou la gravité hautaine des forbans de l'Aber, souvent comparés aux pallicares des côtes grecques et qui portent comme eux le bonnet et la fustanelle, grands gars superbes, avec des bras d'une envergure immense et le profil aigu d'un oiseau de mer fendant l'espace.

Debout sur une éminence, sur une sorte de dune herbeuse qui prolonge à gauche le cimetière et au sommet de laquelle se dresse un oratoire, Yann Ar Minouz attaque, de sa voix rauque, la complainte de *Plac'hik Eüssa*.

A l'Ile Eüssa fut une fille,
Jolie et sage comme un ange,

Jolie et sage comme un ange,
Et son nom était Corentine.

> *Hélas ! elle n'avait pas quinze ans,*
> *Déjà lourde croix elle portait.*
>
> *Sur un rocher, jouxte la mer,*
> *La fille pleurait pleurs amers.*
>
> *Et de plein cœur elle priait*
> *Et vers les cieux ainsi criait :.....*

Un oblique rayon de soleil se joue sur les tempes dégarnies du barde. Iliens et Iliennes ont fait cercle autour de lui : ils boivent ses paroles et suivent le mouvement de la chanson jusque dans l'expression de son visage. Car il ne se contente pas de chanter, il mime ; si bien que la complainte se transforme en un drame monologué. Et quel prestigieux acteur que ce Yann ! Il a joint les mains, il lève au ciel un regard mouillé de larmes ; sa voix, traînante au début, éclate en accents déchirants :

> « *En se battant contre l'Anglais,*
> « *Mon père s'est noyé dans la mer profonde.*
>
> « *Le cœur de ma mère se fendit,*
> « *Quand ce malheur elle entendit.*

« *Et je n'ai plus personne, hélas !*
« *Que faire désormais ici-bas ?*

« *Je n'ai plus hélas ! sur la terre*
« *Proche ni parent, père ni mère.*

« *Père ni mère, proche ni parent ;*
« *Vivre m'est deuil et navrement !*

Une des Ouessantines s'est caché la figure dans son mouchoir : on sent qu'elle fait effort pour étouffer des sanglots. Le marin avec qui j'ai causé tantôt me chuchote à l'oreille :

« — Elle a une *cœursée*, la pauvre ! On jurerait que c'est sa propre *gwerz*, en vérité, que l'homme aux chansons lui débite là. »

Sur un rythme plus doux, avec un balancement léger de tout le corps, Yann poursuit :

« *Mais non !.. Il est au ciel un Père,*
« *Et à Rumengol bonne Mère !*

« *Ma mère bien souvent m'a dit*
« *De prier la Vierge bénie,*

« *La Vierge tendre de Rumengol,*
« *Et jamais ne serais abandonnée.*

« *Etendez votre main sacrée,*
« *Vierge, sur votre enfant navrée.*

« *Moi, la mineure* (1) *à l'abandon,*
« *J'irai pieds nus à votre pardon ;*

« *J'irai pieds nus demander aide*
« *A votre maison de Tout-Remède.*

« *Et sept fois je ferai le tour*
« *Du grand autel sur mes genoux ;*

« *Sept fois le tour de votre sanctuaire,*
« *Vierge, patronne des Bas-Bretons !*

« *Madame Marie, les pauvres gens*
« *Ne vous sauraient faire de présents.*

« *Ni ceinture de cire,* (2) *ni cierge,*
« *Rien !... sinon leur prière, o Vierge.*

« *Pauvre comme eux, pour seul trésor*
« *J'ai mes cheveux blonds couleur d'or.*

« *Je tresserai pour vous une guirlande*
« *Faite avec ma chevelure blonde,*

(1) Orpheline.
(2) Les cordons de cire dont les pèlerins entourent l'église.

« *Faite avec les fleurs des champs, les simples fleurs ;*
« *En gouttes de rosée y brilleront mes pleurs* ».

Elle brille aussi, la triste rosée des larmes, dans les yeux des femmes qui sont là ; elle trace de larges sillons humides sur leurs joues hâlées, s'égoutte lentement dans les plis de leur petit châle noué en croix. Les hommes eux-mêmes sont émus : sans cesse ils s'essuient les paupières du revers de leurs grosses mains toutes tailladées et noires de goudron. Et, de minute en minute, le groupe des auditeurs grossit : le pardon afflue vers le chanteur dont le buste ensoleillé domine la foule, la chemise ouverte, son poitrail nu hérissé de touffes de poils fauves. Le récitatif reprend, d'une allure dolente et comme alanguie :

S'est mise Corentine en chemin,
Sa baguette blanche à la main ;

Passe la mer, suit le chemin
Qui mène aux cieux, qui mène aux saints.

Et la voici déjà tout proche :
Du clocher on entend la cloche.

Elle s'agenouille, en le voyant,
Son cœur palpite, en l'entendant.

A Rumengol quand se trouva,
Les pieds de la Vierge baisa.

Et dit : Ma Mère, mère bénie,
« J'aimerais bien mourir ici !

« Je n'ai plus personne à aimer.
« Daignez me prendre et m'emporter !

« Ici mon corps reposera,
« Mon âme avec vous s'en ira. »

Yann s'interrompt, éponge avec sa manche son front où la sueur perle, puis, d'un ton sacramentel, imposant les mains à l'assistance :

« — Chrétiens, signez-vous ! La Vierge va parler.

Alors, la Vierge avec douceur
A dit à la fillette en pleurs :

« *Sur terre il n'est que gens méchants ;*
« *Que Dieu te sauve, mon enfant !*

« *Ta douce âme et ton pauvre cœur*
« *Sont maintenant purs comme l'or.*

« *Viens, Corentine, au ciel profond*
« *Louer Jésus, le Maître bon.* »

Et Corentine se mourait,
Et à voix haute elle disait :

« *A la Vierge je donne mon cœur,*
« *Ma malédiction aux Anglais !* »

Ce vers final, cri de guerre de la race, le barde le lance à pleins poumons, d'un timbre si âpre et si vibrant que la foule tressaille, frémit, sentant passer en elle le frisson des grandes haines ataviques, vieilles de douze cents ans !...

Le soleil est haut sur l'horizon. Déjà commencent à déboucher, devers Le Faou, Landerneau, Châteaulin, les omnibus et les breaks aux essieux criards, bondés de familles bourgeoises qui viennent à Rumengol comme à une fête foraine, histoire de se gaudir de la paysantaille et de manger du veau froid sur l'herbe où les pèlerins ont dormi. Le vrai pardon désormais est clos. C'est l'heure de fuir, si je veux emporter intactes les fortes impressions de la nuit et du matin naissant.

Je trinque une dernière fois avec le vieux poète trégorrois dans l'auberge où la veille nous nous sommes rencontrés. Nous échangeons de mélancoliques adieux.

« — J'ai le pressentiment », me dit-il, « que je ne chanterai plus aux Iliennes la triste chanson de *Plac'hik Eûssa.* Ce n'est point là ce qui me fait peine, mais de songer que les temps sont proches où c'en sera fini en Bretagne des belles *guerz* aimées de nos pères et des *sônes* délicieuses qui, jusque sur la lèvre défleurie des aïeules, sonnent aussi gai qu'un oiseau de printemps. Toutes ces choses sont près de mourir, et d'autres encore qui ont éjoui nos âmes. Les pardons, hélas ! les pardons eux-mêmes disparaîtront. J'en sais dont je suis probablement le seul à me souvenir. Les chemins où je marche à présent sont jonchés de chapelles en ruines. Le fantôme de la cloche continue à tinter au-dessus du clocher détruit ; j'ai souvent ouï, le soir, son glas mystérieux et plaintif. Mais, à part moi, qui donc prête l'oreille pour l'entendre ? Nos prêtres sont les premiers à tuer nos saints, à laisser tomber leur culte en oubli. (1) Eh oui ! ce sont eux qui travaillent à faire le vide autour de nos sanctuaires les plus vénérés, en entraînant les paroisses par troupeaux vers les églises lointaines, vers les Vierges étrangères, à Lourdes, à la Salette, à Paray-le-Monial ! Quel besoin ont-ils de dépayser la dévotion bretonne ? Qu'ils prennent garde qu'à tant voyager elle ne s'altère. Ma mère déjà déplorait ces modes nouvelles. Le paradis, disait-elle, ne se gagne qu'aux pieds des saints de son pays. J'augure mal des jours à venir. Grâces à Dieu, je ne les verrai point : on aura depuis longtemps jeté sur ma face le drap sous lequel on dort pour jamais..... »

Je m'en retourne vers Quimerc'h par le sentier des fougères. A mi-côte je croise deux bons vieux Cornouaillais en goguette qui, s'arc-boutant des épaules, se racontent simultanément des histoires sans fin, et ne s'écoutent ni l'un ni l'autre. Leur

(1) Disons néanmoins que dans le cours des deux dernières années il s'est produit une réaction dans le clergé breton en faveur des vieux saints nationaux.

double soliloque me suit quelque temps, puis s'évanouit dans le profond silence. C'est maintenant une paix vaste, le calme saisissant d'un désert. Dans la direction du nord, les bois du Kranou moutonnent à perte de vue ; vers l'ouest, la mer flambe ainsi qu'un bain de métal en fusion. Rumengol, son pardon, ses mendiants, ses chanteurs, tout cela semble avoir glissé dans l'ombre du ravin ; la croupe dorée du pays d'Hanvec s'affaisse à son tour, tandis que se déroulent au loin, sur le fond du ciel, les cimes bleuâtres de l'Aré. Pas un clocher à l'horizon, pas un toit, pas même une de ces grêles fumées, révélatrices de la présence de l'homme. On a de nouveau la sensation d'une terre vierge, d'un monde à peine éveillé du chaos. Le paysage tout entier apparaît comme figé encore dans la raideur des choses primitives, et l'on jurerait qu'on n'y a point changé de place à une pierre depuis le fabuleux soir d'automne où le soleil s'y coucha sur la mort de Gralon.

Soudain, un cri part, un sourd et sinistre mugissement déchire la solitude : du sein d'une colline éventrée un train se précipite, et la civilisation passe, au branle des wagons, sans souci des fleurs d'âme qu'elle écrase et des grands symboles qu'elle anéantit. La douloureuse prédiction de Yann Ar Minouz me revient en mémoire. Aux futurs pardons de Rumengol reverra-t-on les chanteurs ?

Discret et charmant Esprit de l'antique chanson bretonne, tes fervents se font rares. Dans la hiérarchie nouvelle, mieux vaut être cantonnier que barde. De vieilles fileuses, des tailleurs de campagne, de pauvres pâtres, de nomades sabotiers, voilà les seuls qui te vénèrent encore d'un culte simple et profond. Ta voix mélodieuse est condamnée à s'éteindre avec le bruit du dernier rouet. Aux générations qui te furent hospitalières d'autres ont succédé, trop affairées pour t'entendre, trop matérielles pour te goûter. Discret et charmant Esprit de l'antique chanson bretonne, toi qui portas si longtemps sur tes ailes le rêve de notre race, je songe avec tristesse à l'heure prochaine où tu ne seras plus.

La Troménie de saint Ronan

LE PARDON DE LA MONTAGNE.

A José-Maria de Hérédia.

**La Troménie de saint Ronan
Le pardon de la montagne.**

I.

Qui n'a présente à la mémoire la jolie page, d'une si railleuse bonhomie, que l'auteur des *Souvenirs d'enfance et de jeunesse* a consacrée à l'humoristique saint Ronan, ancêtre patronymique du clan des Renan dans la Bretagne armoricaine ?

« Entre tous les saints de Bretagne, il n'y en a pas de plus original. On m'a raconté deux ou trois fois sa vie, et toujours avec des circonstances plus extraordinaires les unes que les autres. Il habitait la Cornouaille, près de la petite ville qui porte son nom (Saint-Renan). C'était un esprit de la terre plus qu'un saint. Sa puissance sur les éléments était effrayante. Son caractère était violent et un peu bizarre ; on ne savait jamais d'avance ce qu'il ferait, ce qu'il voudrait. On le respectait ; mais cette obstination à marcher seul dans sa voie inspirait une certaine crainte ; si bien que, le jour où on le trouva mort sur le sol de sa cabane, la terreur fut grande alentour. Le premier qui, en passant, regarda par la fenêtre ouverte et le vit étendu par terre, s'enfuit à toutes jambes. Pendant sa vie, il avait été si volontaire, si particulier, que nul ne se flattait de pouvoir deviner ce qu'il désirait que l'on fît de son corps. Si l'on ne tombait pas juste, on craignait une peste, quelque engloutissement de ville, un pays tout entier changé en marais, tel ou tel de ces fléaux dont il disposait de son vivant. Le mener à l'église de tout le monde eût été chose peu sûre. Il semblait parfois l'avoir en aversion. Il eût été capable de se révolter, de faire un scandale. Tous les chefs étaient assemblés dans la cellule autour du grand corps noir, gisant à terre, quand l'un d'eux ouvrit un sage avis : « De son vivant nous n'avons jamais pu le comprendre ; il était plus facile de dessiner la voie de l'hirondelle au ciel que de suivre la trace de ses pensées ; mort, qu'il fasse encore à sa tête. Abattons quelques arbres ; faisons un chariot, où nous attellerons quatre bœufs. Il saura bien les conduire à l'endroit où il veut qu'on l'enterre. » Tous approuvèrent. On ajusta les poutres, on fit les roues avec des tambours pleins, sciés dans l'épaisseur des gros chênes, et on posa le saint dessus.

Les bœufs, conduits par la main invisible de Ronan, marchèrent droit devant eux au plus épais de la forêt. Les arbres s'inclinaient ou se brisaient sous leurs pas avec des craquements effroyables. Arrivé enfin au centre de la forêt, à l'endroit où étaient les plus grands chênes, le chariot s'arrêta. On comprit ; on enterra le saint et on bâtit son église en ce lieu. »

La légende populaire, plus fruste sans doute,

ne laisse pas d'avoir aussi son charme. J'en ai recueilli les principaux épisodes dans le pays même où le saint passa la plus grande partie de sa vie. On y trouvera précisées quelques-unes des circonstances extraordinaires auxquelles M. Renan s'est contenté de faire allusion.

Ronan eut pour patrie d'origine l'Hibernie [1], berceau traditionnel de la plupart des thaumaturges celtiques. Je demandais un jour à une vieille femme de Bégard :

« — Où donc la situez-vous, cette Hibernie dont le nom revient si fréquemment sur vos lèvres ? »

« — J'ai ouï dire, » me répondit-elle, « que c'était un lambeau détaché du paradis. Dieu en fit une terre abrupte et solitaire qu'il ancra, avec des câbles de diamant, dans des régions de la mer inconnues des navigateurs. Dès qu'elle eût touché les eaux, celles-ci perdirent toute amertume, et, dans un rayon de sept lieues à la ronde, devinrent douces à boire comme du lait. L'île était dérobée à tous les yeux par un brouillard

[1] L'Irlande

impénétrable qui flottait en cercle autour d'elle, mais une lumière paisible, toujours égale, en éclairait l'intérieur. Là voletaient, sous la forme de grands oiseaux blancs, les âmes prédestinées des saints ; de là elles partaient, au premier signal, pour aller évangéliser le monde. Je me suis laissé dire qu'elles étaient primitivement au nombre de onze cent mille. Quand l'heure du départ eut sonné pour la onze cent millième, les câbles de diamant se rompirent et l'île remonta au ciel avec la légèreté d'un nuage ».

En ces temps-là, on pêchait la morue au large des côtes bretonnes, et il n'était pas rare que l'on séjournât des semaines entières sur les lieux de pêche. Une nuit que les hommes dormaient, étendus au fond des barques, il se fit dans la mer un grand remous. Le matelot de quart éveilla ses compagnons. « Voyez donc ! » dit-il. Ils virent une chose étrange. Un rocher s'avançait, fendant les eaux et traînant derrière lui un long sillage harmonieux, comme si les vagues, à son contact, eussent vibré. Il était fleuri de goëmons d'une espèce inconnue qui dégageaient un parfum si délicieux et si fort que toute l'atmosphère, que la mer même en étaient embaumées. Sur le sommet du roc, une figure agenouillée priait, le front auréolé d'un nimbe dont s'illuminait au loin la nuit. C'était saint Ronan qui abordait aux rivages d'Armorique.

Il prit terre dans un des hâvres du Léon. Il ne pouvait pas tomber plus mal. Le littoral de ce canton était alors habité par une population de forbans, naufrageurs et pilleurs d'épaves. Ils adoraient des divinités farouches, qu'ils identifiaient avec les chênes des bois et les écueils de l'Océan. Ils ne dépouillèrent pas le saint, dont tout l'avoir consistait en une robe de bure trop sordide pour exciter leur convoitise, mais ils ne manquèrent aucune occasion de lui témoigner combien sa présence parmi eux leur était désagréable ; et, quand il voulut leur parler de la loi nouvelle, de la loi que Christ avait scellée de son sang, ils lui tournèrent le dos avec mépris, en le traitant de rêveur, ce qui dans leur bouche était la pire des injures. Ronan dut renoncer à convertir ces barbares : désespérant d'adoucir leurs mœurs, il résolut du moins d'en atténuer par tous les moyens possibles les effets. Les saints hibernois ne voyageaient jamais sans être munis d'une cloche portative dont le son, entre autres vertus, avait la propriété de se faire entendre distinctement jusqu'aux plus extrêmes confins du monde. Ronan se servit de la sienne pour avertir en temps de brume les navires égarés et leur signifier qu'ils eussent à s'éloigner de la côte. Ainsi les naufrages devinrent fort rares, en dépit des feux que les indigènes ne se faisaient pas faute d'allumer sur les hauteurs. Ces derniers en conçurent une violente indignation. Les femmes surtout étaient très montées.

« — Jusqu'à présent », disaient-elles, « la mer avait été pour nous une nourrice aux mamelles inépuisables ; les cadavres aux beaux bijoux abondaient sur nos grèves ; l'orage était notre pourvoyeur : chaque aube* apportait avec elle sa moisson. Rappelez-vous, ô hommes, les tonneaux de vin doré où vos lèvres ont bu tant de fois une ivresse mystérieuse qui décuplait vos forces et de surprenants délires qui nous rendaient plus belles et plus désirables à vos yeux. Que ces choses sont déjà anciennes ! Du jour où l'anachorète étranger a paru au milieu de nous, la fortune a changé. Ce doit être quelque enchanteur pervers : il nous a jeté un sort, il a juré de nous faire périr de misère. Qu'attendez-vous pour nous débarrasser de lui ? »

Ces paroles arrivèrent aux oreilles du saint. Pour n'avoir pas à châtier les gens qui les avaient proférées, il décida de s'enfoncer plus avant dans les terres et, ayant retroussé les pans de sa robe d'ermite, il se mit en route vers d'autres climats. Le rocher sur lequel il avait traversé les flots et qu'il appelait sa « jument de pierre » le suivit dans ce nouvel exode. Ils franchirent des rivières encore innomées, s'engagèrent dans de ténébreuses forêts dont les arbres se souvenaient d'avoir été des Dieux. Parfois, des fourrés inextricables entravaient leur marche. Ronan faisait alors tinter sa clochette et les ronces, pâmées, se désenlaçaient d'elles-mêmes. Il parvinrent, au sortir des bois, dans une région haute et découverte, semée seulement de bruyères et d'herbes odoriférantes, que dominait une montagne nue, arrondie, pareille à la coupole d'un temple. Ronan planta en terre son bâton de pèlerin, et le bâton aussitôt se transforma en une croix de granit, pour lui marquer que ce lieu était celui où il se devait arrêter. La « jument de pierre » se coucha sur le sol ; le saint se mit en prière. C'était l'heure du soir, si particulièrement douce en Bretagne. Au pied du *ménez*, vers l'occident, des campagnes heureuses étaient comme blotties. Des toits invisibles, voilés de feuillage, exhalaient dans l'air de calmes fumées. Plus loin, la mer s'éteignait ; dans ses eaux, grises comme des cendres, les dernières lueurs du soleil disparu achevaient de mourir.

« — Que la paix demeure à jamais en cette solitude ! » murmura le saint.

Son vœu a été exaucé. Nulle part au monde peut-être le silence n'est plus grand, plus profond, plus apaisant que sur cette humble cîme bretonne. Elle a conservé son aspect primitif, son air inviolé d'autrefois. On y peut voir des troncs de genêts plusieurs fois séculaires. Les bestiaux y viennent brouter l'herbe de printemps, mais l'homme n'a pas encore osé désaffecter cette terre : elle est restée ce qu'elle était il y a douze cents ans, une colline vierge, une sorte d'oasis du rêve.

Ronan y passa des jours exquis, en tête à tête avec les vents qui, soufflant parfois du côté de l'Hibernie, lui apportaient jusqu'en ce désert d'Armorique le parfum de son île lointaine. Il s'était construit là un *pénity,* une maison de pénitence, grossièrement faite de quelques branches liées entre elles à l'aide d'un peu de mortier. Il n'y demeurait d'ailleurs que la nuit, pour réciter ses vigiles et pour dormir. Le reste du temps il vivait dehors. Dès l'aube il était sur pied, pèlerinant par les sentiers de la montagne. Il avait adopté un circuit qu'il accomplissait ponctuellement deux fois par jour, sans dévier d'une semelle, le matin, dans le sens du soleil et, le soir, à l'encontre de l'astre. La pluie même ne l'arrêtait point : elle l'arrosait sans le mouiller. Le tour qu'il décrivait sur les flancs du *ménez* comportait plusieurs lieues. Il cheminait des heures entières, conversant avec les choses dont le muet langage lui était familier. Les bêtes aussi lui étaient chères. Elles le lui rendaient. Du plus loin qu'elles le voyaient venir, elles accouraient à lui. Pour leur inspirer plus de confiance, il s'amusait souvent, dit-on, à revêtir leur forme. Il apprivoisait les plus féroces et les moralisait. Un loup qui l'avait en grande vénération s'imagina lui être agréable en déposant, un jour, à ses pieds un pauvre agnelet tout pantelant. Le saint commença par ressusciter l'innocente victime et tint ensuite au ravisseur un discours si touchant qu'il le convertit pour jamais. C'est depuis lors qu'on a coutume de dire : « Doux comme le loup de saint Ronan ».

S'il recherchait le commerce des animaux et s'il se plaisait même en la compagnie des plantes, en revanche il fuyait les hommes. Il avait gardé de sa première rencontre avec eux, sur les rivages inhospitaliers du Léon, un souvenir amer mêlé peut-être de quelque mépris. S'il lui arrivait d'en croiser un sur son chemin, il le regardait avec des yeux si terribles que le malheureux, saisi d'épouvante, en demeurait hébété pendant des semaines. C'était un avertissement que le saint leur donnait, qu'ils eussent à laisser libre la voie où il était désormais résolu de marcher seul. Il y gagna de n'être plus diverti dans ses promenades, mais sa réputation en souffrit. Une légende redoutable se créa autour de sa personne. On le soupçonna d'être sorcier et nécromancien ; des pâtres affirmèrent l'avoir vu, déguisé en bête, courir le garou ; on l'accusa de semer mille maux par le pays. On le rendit responsable de tous les méfaits des éléments, auxquels il était censé commander. Un ouragan de grêle dévastait-il les moissons dans la plaine, une tourmente subite, bouleversant la mer, faisait-elle voler en éclats les barques des pêcheurs, c'étaient là autant d'effets de la pernicieuse magie de Ronan.

Il faut avouer que, non content d'inquiéter l'opinion, il semblait parfois avoir pris à tâche de l'exaspérer. Un jour qu'il se promenait sous les ombrages touffus de la forêt de Névet, proche de son ermitage, il aperçut un bûcheron en train d'abattre un chêne. Chaque coup de hache arrachait à l'arbre une plainte sourde qui retentissait douloureusement dans le cœur du solitaire.

« — Qu'as-tu donc à maltraiter ainsi ce vieillard des bois ? » demanda-t-il, courroucé.

« — J'ai » répondit l'homme « que j'en veux faire des planches pour mon grenier ».

« — A moins que ce ne soit pour ton cercueil ! » repartit le saint.

Au même instant le chêne tombait, écrasant le bûcheron dans sa chûte. Que Ronan fût le vrai coupable, cela ne fit de doute pour personne : on ne songea plus, dans toute la contrée, qu'aux moyens de se débarrasser de lui. Des conciliabules secrets furent tenus dans les clairières, à la pâle lumière de la lune, déesse des entreprises nocturnes, que ces païens adoraient. Déjà l'on ne parlait de rien moins que d'aller surprendre l'anachorète dans sa hutte de branchages et de le frapper traîtreusement en plein sommeil, quand le chef du manoir de Kernévez, homme sage et tolérant, intervint dans la discussion en faisant observer combien une pareille conduite serait non seulement criminelle, mais périlleuse.

« — De deux choses l'une, » conclut-il : « ou bien Ronan n'a pas la puissance néfaste que vous lui attribuez ; et alors pourquoi violer, en le massacrant, les lois divines et humaines ? — ou bien il la possède en réalité, et, dans ce cas, que peuvent contre lui vos misérables embûches ? s'il est l'enchanteur que vous dites, il n'a rien à craindre de vos rancunes, tandis que vous, si vous l'irritez, vous avez tout à craindre de sa colère. »

Cette argumentation refroidit le zèle des plus ardents.

« — A votre place, » continua le maître de Kernévez, « Je délèguerais vers lui quelqu'un pour lui soumettre nos doléances. Entre nous soit dit, je ne le crois pas aussi méchant que vos imaginations vous le représentent. Il m'est arrivé quelquefois de le suivre à distance, dans ses tournées du matin. Savez-vous à quoi je l'ai toujours vu occupé ? A délivrer les mouches de ces trames légères que les araignées de nuit tissent dans les ajoncs !..... Un esprit démoniaque n'a point de ces sollicitudes. »

Une voix dans l'assistance cria :

« — Sois donc notre envoyé et plaide auprès de lui notre cause ! »

« — J'allais vous le proposer, » répondit le chef de maison, le *penn-tiern*, avec la simplicité et le calme qui lui étaient habituels.

Sans plus tarder, il se mit en route pour la montagne. La lune s'était couchée ; mais, au sommet du *ménez*, la cellule de l'ermite brillait comme un sanctuaire mystérieux. Ronan dormait, allongé sur la terre nue, les mains en croix, la tête éclairée d'une lumière étrange. Ses pieds dépassaient le seuil de la hutte que ne fermait aucune porte. Le maître de Kernévez s'assit dans l'herbe pour attendre le réveil du saint. Il se sentait le cœur vaguement troublé et, dans sa cervelle de barbare, des idées singulières se remuaient qui lui étaient un objet d'étonnement et d'effroi.

Cependant l'aube commençait à poindre. Dès que le premier rayon eut caressé l'échine de la « jument de pierre », celle-ci poussa un hennissement très doux, et tout aussitôt l'anachorète ouvrit les yeux. Il ne témoigna nulle surprise de voir le penn-tiern prosterné à quelque pas de l'ermitage dans l'attitude d'un suppliant, mais, étant allé à lui, il lui commanda de se lever et de le suivre. Ils se mirent à cheminer ensemble à travers la haute solitude. Leur vue s'étendait au loin sur les campagnes et sur la mer que le soleil naissant baignait d'une vapeur de pourpre et où des harmonies ineffables flottaient suspendues. Le maître de Kernévez avait toujours vécu dans ce site : il le connaissait en ses moindres détails, mais, pour la première fois, le sens intérieur lui en était révélé. Il lui sembla qu'il le contemplait avec des yeux nouveaux et plus parfaits. Et il versa des larmes d'attendrissement, sans savoir pourquoi, comme un enfant ou comme un homme ivre. Ronan lui dit :

« — Pleure, pleure. C'est Dieu qui entre en toi. »

Autour d'eux, les fougères embaumaient ; des haleines tièdes et suaves se jouaient dans les transparences de l'air. Jamais aurore n'eut plus de grâce et ne para le monde d'une plus exquise séduction. Quand Ronan jugea l'âme de son compagnon suffisamment ameublie, détrempée, et prête à recevoir la bonne semence, il commença de lui conter la merveilleuse histoire de Jésus qui consacra le désert comme un lieu de prière, de Jésus qui prêcha du haut des monts, avec la mer à ses pieds, et enseigna aux fils des hommes l'amour universel. L'anachorète qu'on avait dépeint d'humeur si farouche parlait avec tant d'onction et de charme, les récits qu'il faisait de l'ère galiléenne étaient par eux-mêmes si captivants que le chef laboureur en oublia tout le reste. Le saint dut le congédier, en lui montrant l'aile grise du soir qui déjà s'éployait dans le ciel.

« — Que t'a dit le personnage de là-haut ? » interrogèrent les gens de la plaine, pâtres et pêcheurs, quand le maître de Kernévez fut redescendu parmi eux.

Il leur répéta mot pour mot les discours de Ronan qu'il portait gravés dans sa mémoire, s'efforça d'en reproduire jusqu'à l'accent. Il fut éloquent avec simplicité. Plus d'un dans l'auditoire, se laissa toucher. Mais les autres, le grand nombre, après l'avoir écouté non sans stupeur, ne tardèrent pas à murmurer contre lui et à échanger à son sujet des propos amers. Ils ne pouvaient s'expliquer qu'un homme aussi avisé que le penn-tiern se fût fait tout à coup l'apôtre de nouveautés impies, subversives des anciens cultes. Ils ne doutèrent point que l'ermite ne l'eût ensorcelé. Leur haine contre Ronan s'en accrut ; et, quant au maître de Kernévez dont ils avaient si longtemps vénéré la sagesse, ils n'eurent dorénavant pour lui que la superstitieuse pitié dont on entoure en Bretagne les *innocents* et les fous.

Il ne s'en émut ni ne s'en plaignit. Il vit s'écarter de lui ses amis les plus chers, sans en éprouver de ressentiment. N'étaient-ce pas, au dire de Ronan, les conditions ordinaires de tout début dans l'apprentissage de la sainteté ? Il ne se passait point de jour qu'il ne se rendît auprès du solitaire, dans un lieu dont ils étaient convenus, sur la lisière du domaine de Kernévez, à mi-pente de la montagne. Une haie de prunelliers sauvages les mettait à l'abri des regards indiscrets ; des pins parasols ombrageaient leur tête, et la mer, par une éclaircie, s'étalant devant eux à perte de vue, ouvrait à leurs pensées, à leurs méditations en commun, le champ de son immensité. Là, le fruste disciple de Ronan s'initia aux séductions de la vie contemplative. Il y prit un tel goût qu'il en vint bientôt à considérer tout autre soin comme indigne qu'on s'y appliquât. A savourer les secrètes voluptés de la conscience, ce paysan dépouilla jusqu'à la passion de la terre. Lui qu'on citait naguère comme le modèle des laboureurs, il se désintéressa de ses cultures, cessa de surveiller son personnel, laissa les domestiques agir en maîtres. On en jasa dans la contrée. Finalement, sa femme fut avertie.

Vivant dehors par métier, tandis qu'elle était retenue à l'intérieur du logis par ses devoirs de ménagère, il avait pu lui dérober quelque temps ses pieuses escapades et fréquenter le saint sans éveiller ses soupçons. Mais il prévoyait bien qu'un jour ou l'autre tout lui serait dévoilé. Des commères complaisantes s'en chargèrent. Comme il revenait un soir à la ferme, au sortir d'une entrevue avec Ronan, il trouva sur le chemin sa femme qui l'attendait, blême de colère.

« — Ainsi, » cria-t-elle, « voilà comment vous vous comportez ! J'en apprends de belles sur votre compte ! On vous croit au travail avec les serviteurs, et vous fainéantez là-haut en compagnie d'un être louche qui est l'opprobre et la terreur du pays. Avez-vous donc juré de mettre vos enfants sur la paille et, moi, de me faire mourir de désespoir ? »...

La légende, qui pratique la sélection à sa façon, n'a pas retenu le nom du maître de Kernévez ; mais elle nous a transmis celui de sa femme. Elle s'appelait Kébèn. M. de la Villemarqué a voulu voir en elle une sorte de druidesse farouche, « reine de la forêt sacrée ». (1) Le peuple s'en fait une image moins noble, mais plus voisine peut-être de la réalité. C'était tout bonnement une fermière économe, un peu serrée, dure à elle-même et dure aux autres, uniquement préoccupée d'arrondir son pécule et de léguer à ses enfants un bien solide, exempt d'hypothèques. D'un caractère très entier, elle menait sa maison au doigt et à l'œil. Au reste, femme entendue et capable, ne commandant jamais rien que de sensé. Son mari s'était toujours effacé

(1) Cf. *Barzaz-Breiz*, Légende de saint Ronan, notes.

devant elle. On conçoit sa fureur, quand elle s'aperçut qu'il lui échappait. Elle le somma de rompre avec le thaumaturge; pour la première fois de sa vie, il lui tint tête, opposant à toutes ses objurgations, à toutes ses invectives, une douceur tranquille et obstinée.

A partir de ce moment, le manoir de Kernévez, jusque-là si ordonné, si paisible, devint un enfer. Du matin au soir, Kébèn tournait dans la vaste cuisine comme une louve en cage, grinçant des dents et hurlant. Les enfants se fourraient dans les coins, derrière les meubles, et pleuraient en silence, n'osant plus approcher leur mère. Valets et servantes quittèrent la maison l'un après l'autre : le domaine tomba en friche, les troupeaux dont nul ne prenait soin vaguèrent dans les champs, à l'abandon. L'homme continuait de se rendre à la montagne, auprès du saint, indifférent au spectre de la ruine qui de toutes parts commençait à se dresser autour de lui. Il n'avait plus de souci des choses terrestres. Il habitait dans son rêve comme dans une tour très haute d'où il ne voyait que du ciel.

Un vertige d'une autre sorte égarait l'esprit de Kébèn. Son idée fixe était de se venger de Ronan qu'elle appelait le « débaucheur d'hommes ». Elle s'aboucha avec les ennemis du thaumaturge. On sait qu'ils étaient nombreux. Des réunions clandestines se tinrent à Kernévez, pendant les absences du mari. On y buvait de l'hydromel dans des cornes d'uroch. Au bout de quelques jours de ce régime, Kébèn, devant une assemblée de fanatiques exaltés jusqu'au délire, déclara qu'il fallait cette nuit même, à la faveur des ténèbres, marcher à la hutte de l'ermite, y mettre le feu et l'y brûler vif.

« — Allons ! » s'écrièrent-ils d'une seule voix.

Mais leur enthousiasme dura peu. A la fraîcheur nocturne leur ivresse s'était dissipée, faisant place, chez les plus hardis, à de mystérieuses appréhensions. Ils crurent ouïr dans le vent des paroles de menace. Les bruyères où leurs pieds s'empêtraient leur semblèrent un filet magique tendu sous leurs pas. Une étrange apparition acheva de les terrifier. La forme démesurée d'une bête venait de surgir debout sur le sommet de la montagne, et, par trois fois, un hennissement épouvantable déchira la nuit. Toute la bande se dispersa comme un vol de moineaux. Seule, Kébèn demeura : sa haine la cuirassait contre la peur. A l'appel de la « jument de pierre », Ronan était sorti de son oratoire. Il s'avança vers la mégère et lui dit :

« — Garde-toi de franchir l'enceinte marquée par ces houx. C'est ici un lieu interdit aux femmes. »

Kébèn, ramassée sur elle-même, s'apprêtait à lui sauter au visage ; mais, quand elle voulut s'élancer, une force surnaturelle la cloua sur place et ses jambes se raidirent sous elle, comme pétrifiées. Alors, dans l'impuissance de sa rage, elle vomit un flot d'injures, traitant le saint des noms les plus odieux.

« — Ah ! oui, » hurlait-elle, « tu interdis aux femmes l'accès de ton repaire, mais tu y attires les hommes, sorcier de malheur !... Réponds, qu'as-tu fait du maître de Kernévez ? Quel philtre de démence lui as-tu versé ?... Nous ne te cherchions point : pourquoi nous es-tu venu trouver ?... Regarde ce manoir, là-bas, sous les hêtres. On y travaillait dans la joie et dans la concorde. Une fumée heureuse s'élevait du toit comme une perpétuelle action de grâces aux dieux d'en haut. Eh bien ! tes artifices en ont chassé la prospérité pour y installer la ruine. Où régnait la paix des âmes, tu as déchaîné la guerre conjugale. Par le soleil et par la lune, sois maudit ! »

Le saint, les yeux au firmament, priait. Son oraison finie, il prononça :

« — Femme, je te rends l'usage de tes membres ; retourne vers tes enfants à qui tu n'a pas donné à manger ce soir et dont le gémissement m'a empêché d'entendre tes paroles. »

Une plainte, en effet, une plainte discrète et continue sanglotait dans le vent de la mer.

« — Nous nous rencontrerons encore ! » grommela Kébèn d'un ton de défi.

« — Dieu fasse que ce soit au ciel ! » répondit Ronan.

La femme de Kernévez rentra au logis, l'âme ulcérée. Pendant plusieurs jours elle resta accroupie sur la pierre de l'âtre, sans qu'on pût lui arracher un mot ni la décider à s'étendre dans un lit. Elle méditait, dans l'immobilité et le silence, quelque horrible dessein. Une nuit enfin, après s'être assurée qu'autour d'elle chacun dormait, elle se leva et pénétra dans la pièce où les enfants étaient couchés. Là reposait, parmi ses frères, Soëzic, la fille aînée, à peine âgée de huit ans : petite blondinette, jolie et délicate comme un ange, la préférée de son père à cause de sa gentillesse et de sa douceur. Kébèn la prit dans ses bras avec précaution, pour ne la point réveiller, et s'achemina sans bruit vers la grange. Il y avait dans un coin de cette grange, dissimulé derrière un tas de fagots, un vieux bahut hors de service, fait d'un énorme tronc de chêne creusé au feu, avec des parois aussi épaisses que celles des sarcophages en granit où l'on avait coutume d'ensevelir les chefs de clan. La mère dénaturée déposa l'enfant au fond du coffre, rabattit le lourd couvercle, ferma la serrure à double tour, puis, ayant repris sa place sur le foyer, se mit tout à coup à pousser des cris atroces, des cris de bête qu'on égorge.

Le maître de Kernévez sauta à bas du lit, épouvanté :

« — Qu'y a-t-il, femme ? Au nom de Dieu, qu'y a-t-il ? »

Elle lui montrait la porte de la chambre des enfants. Il alla voir, constata que la fillette avait disparu. Déjà des voisins étaient accourus au bruit : la cuisine fut bientôt pleine de curieux. Alors seulement Kébèn parla.

Depuis sa querelle avec le thaumaturge, elle s'attendait, déclara-t-elle, à quelque événement de ce genre. Il l'en avait menacée, et c'est pourquoi tous ces temps-ci elle avait tenu à rester sur ses gardes. Or, voilà que cette nuit, comme elle s'assoupissait de fatigue, elle avait été réveillée en sursaut par une voix qui geignait faiblement : « *Mamm ! Mamm !* » Elle avait essayé de se lever, mais en vain. Un sortilège la paralysait. Au même moment, la forme monstrueuse d'un homme-loup passait devant elle, emportant en travers dans sa gueule le corps ensanglanté de Soëzic.

Evidemment, cet homme-loup ne pouvait être que Ronan. Tel fut l'avis unanime. Le mari voulut intervenir, risquer une observation. Mais on était fixé sur la valeur de ses conseils ! L'assistance entière lui ferma la bouche. Il fut arrêté, séance tenante, qu'on se rendrait à Quimper de ce pas, pour dénoncer au roi Gralon-Meur l'abominable crime et demander justice contre le malfaiteur.

Le cortège, grossi de village en village, accompagna Kébèn jusque dans le palais du roi. Gralon-Meur fut ému par une manifestation aussi imposante ; il dépêcha des archers vers le saint, avec ordre de le lui amener sur le champ. En le voyant paraître, il ne douta point que la populace n'eût dit vrai. Avec sa face velue, avec ses ardentes prunelles d'ascète, ombragées d'épais sourcils, avec sa houppelande de bure grossière, salie, usée, effilochée, jaunie, pareille à la fourrure d'un fauve et nouée aux reins par une ceinture d'écorce, avec ses pieds souillés de boue, avec ses doigts aux ongles pointus et noirs comme des griffes, le solitaire avait les dehors d'un animal sauvage plutôt que d'un être humain.

« — Nous allons bien savoir s'il participe de la nature de l'homme ou de celle du loup, » prononça Gralon. « J'ai là deux dogues qui nous renseigneront à cet égard. »

Les terribles bêtes furent lâchées sur Ronan ; mais, au lieu de le mettre en pièces, elles se couchèrent docilement à ses pieds, léchant ses haillons, implorant de lui une caresse.

Il y eut dans la foule une grande stupeur. Gralon-Meur, s'étant avancé vers l'anachorète, s'inclina et dit :

« — Pour que mes chiens t'aient respecté, il faut qu'un pouvoir singulier soit en toi. Parle donc et confonds tes accusateurs, afin que justice soit faite. »

« — Je parlerai, » répondit Ronan, « non à cause de moi qui n'ai de comptes à rendre qu'à Dieu, mais à cause de l'enfant, victime innocente de cette odieuse machination ; commande, o roi, qu'on apporte ici le coffre qui est à Kernévez, dans la grange, derrière un tas de fagots. »

Il fut fait selon sa volonté. Quand on ouvrit le bahut de chêne, on y trouva la fillette, blanche comme cire ; elle était étendue sur le côté, morte. Dur eût été de cœur, celui qui n'eût pleuré en la voyant. Ronan lui-même, pour la seule fois de sa vie, dit-on, donna des marques d'attendrissement. Il se pencha au-dessus du cadavre et, l'appelant par son nom, d'une voix très douce, il murmura :

« — Petite Soëzic, fleurette jolie, tes yeux se sont clos avant l'heure. Dieu veut que tu les rouvres et qu'ils contemplent longtemps encore le soleil béni. »

Il dit. Les fraîches couleurs de l'enfance reparurent aussitôt sur le visage de la morte, et elle se leva du coffre en souriant.

La foule, transportée à la vue du miracle, trépignait d'allégresse, exaltant les vertus du saint, criant qu'il fallait lapider Kébèn. Mais Ronan :

« — J'entends » fit-il « que cette femme s'en retourne chez elle saine et sauve. »

A partir de ce jour, le solitaire vécut honoré de tous dans la contrée qui jusque-là lui avait été si marâtre. La religion qu'il professait supplanta les anciens cultes. Toutefois il ne changea rien à ses habitudes, s'abstint comme par le passé de tout commerce direct avec les hommes, si même il ne se montra pas encore plus secret ; de sorte que la vénération qu'il inspirait resta mêlée de quelque crainte. On le suivait du regard, de loin, dans sa promenade quotidienne, mais on n'aurait jamais eu la hardiesse de l'aborder. Quand on s'adressait à lui, c'était par l'intermédiaire du maître de Kernévez, la seule créature humaine qu'il accueillît sans répugnance et dont il écoutât volontiers les propos. Saint Corentin vint un jour lui faire visite à son oratoire, dans le dessein, à ce que l'on prétend, de se démettre en sa faveur de son épiscopat de Quimper ; il trouva la porte fermée par une simple toile d'araignée, voulut passer au travers et ne put réussir à rompre la trame ; il comprit que Ronan refusait de le recevoir et rebroussa chemin, non sans dépit.

C'est au printemps, la veille du vendredi saint, que mourut le thaumaturge de la montagne. Sitôt qu'il eut rendu l'âme, de grands nuages aux formes bizarres et tourmentées accoururent de tous les points de l'horizon et se rassemblèrent autour de la cîme, étendant un voile de ténèbres sur le pays environnant, tandis que de l'oratoire s'élevait vers le ciel une longue colonne de fumée blanche. Par ces signes on fut averti que Ronan n'était plus ; mais on attendit au troisième jour, avant de franchir l'enceinte des houx sacrés. L'humeur du saint était à redouter même après sa mort. Il fallut que le penn-tiern entrât le premier dans la cellule. Le cadavre ne présentait aucune trace de décomposition ; il était couché dans la posture qui, de son vivant, lui était familière, ses pieds de marcheur obstiné dépassant le seuil ; les mèches hérissées de ses cheveux étaient lumineuses comme des flammes ; d'une main il pressait sur sa poitrine un livre aux fermoirs richement ouvragés, sans doute un répertoire de formules magiques, pensèrent les paysans ; dans l'autre il tenait la clochette, compagne mélodieuse de ses migrations.

On a vu de quelle façon il fut procédé aux funérailles. Dès que le corps eut été placé sur le chariot, les bœufs se mirent en marche et la clochette de fer commença d'elle-même à tinter. Pendant toute la durée du trajet, elle sonna ainsi, à petits coups grêles et lents, comme un glas. L'attelage s'était immédiatement engagé dans la sente que Ronan avait accoutumé de parcourir chaque matin et chaque soir. En traversant les terres de Kernévez, il arriva près d'un lavoir où Kébèn lavait. Cette femme singulière, depuis l'aventure du coffre, n'avait plus fait parler d'elle ; mais elle ne s'était ni amendée, ni assagie. La clémence de Ronan, au lieu d'apaiser sa haine, l'avait exacerbée. Lorsqu'elle apprit sa mort, elle eut un tel accès de joie cynique que momentanément on la crut folle. Non seulement elle refusa de prendre le deuil avec les autres ménagères du quartier ; mais elle choisit le jour des obsèques pour faire sa lessive, commettant de la sorte un double scandale, puisqu'en ce même jour se célébrait la fête de Pâques.

Le cortège s'avançait dans un recueillement silencieux, au son de la petite clochette, quand, parmi des bruits de battoir, une chanson narquoise s'éleva de derrière les saules qui bordaient l'étang :

Bim baon, cloc'hou !
Marw ė Jégou
Gant eur c'horſad gwadigennou !... (1)

(Bim baon, les cloches ! — Il est mort, Jégou, — d'une ventrée de boudin !)

Ainsi chantait, à voix haute et stridente, Kébèn l'effrontée. Les bœufs cependant débouchaient dans le pré ; et ils cheminaient droit devant eux, sans souci du linge qui séchait étalé sur l'herbe. Déjà ils piétinaient de leurs durs sabots les nappes de toile fine. Kébèn, du coup, cessa de chanter. Echevelée, noire de fureur, elle se jeta à la tête des animaux :

« — Arrière, sales bêtes ! » cria-t-elle.

Et, brandissant son battoir, elle les en frappa avec une telle violence qu'elle écorna l'un d'eux. Ils n'en continuèrent pas moins leur route, de leur bonne allure tranquille. Alors la rage de Kébèn se tourna contre le cadavre. Elle s'était cramponnée au chariot, au risque de se faire écraser ; et, à chaque tour de roue, des paroles

---

(1) C'est un refrain populaire très répandu en Bretagne et que l'on chante aux enfants pour les bercer.

insensées, des injures inexpiables s'échappaient de ses lèvres.

« — Va, charogne, va rejoindre dans le charnier où elle pourrit la louve qui fut ta mère !... Tu dois être content, fléau des ménages !... Grâce à toi, la plus belle lessive du pays est en pièces... Ris donc, artisan de malices, fourbe des fourbes, nuisible jusque dans la mort !... Ha ! Ha ! Et dire qu'il y a des benêts qui te pleurent !... Quant à moi, tiens, voilà mon adieu ! »

Horrible profanation ! Elle venait de lui cracher à la figure. Ce fut du reste son dernier outrage. Le sol au même instant s'entrebailla sous elle et l'engloutit...

Au bout de trois heures de marche, la clochette s'étant tue, les bœufs s'arrêtèrent. On était en pleine forêt, sur le versant occidental de la montagne. Une fosse fut bientôt creusée, mais lorsqu'il s'agit d'y descendre le corps du saint, les efforts réunis de vingt hommes demeurèrent impuissants à le soulever. « Peut-être ne veut-il pas qu'on l'enterre », opina quelqu'un ; « laissons-le en cet état, et attendons les événements. » Or, il advint une chose extraordinaire. Dans l'espace d'une nuit, le cadavre se pétrifia, ne fit plus qu'un avec la table du chariot transformée en dalle funéraire, et apparut comme une image éternelle sculptée dans le granit d'un tombeau. Les arbres d'alentour étaient eux-mêmes devenus de pierre ; ils s'élançaient maintenant avec une sveltesse de piliers, entrecroisaient là-haut en guise de voûte les nervures hardies de leurs branches. Tel fut, d'après la légende, le premier schème de l'église de Locronan et du cénotaphe qui s'y voit encore, dans la chapelle du Pénity.

II

Si jamais vous visitez Locronan, faites en sorte d'y arriver par la « vieille côte. » La montée, au début, n'est pas engageante ; c'est moins un chemin qu'une ravine, que le lit desséché d'un torrent. Mais, à mesure que l'on approche de la crête, la route s'aplanit, se dilate, retrouve sa noble aisance d'ancienne voie royale. Borné encore, vers l'occident, par un dernier renflement des terres, l'horizon s'est découvert peu à peu dans la direction du sud et du septentrion. Derrière vous s'estompent les grandes houles bleues du Quimperrois ; à votre droite s'enlève sur le ciel la montagne sacrée, avec son énorme croupe creusée de plissements rugueux où les traînées de bruyères semblent des fumées roses courant à ras de sol ; à gauche, un pays vert — d'un vert lumineux, d'un vert fauve — déroule jusqu'à la mer océane la nappe onduleuse de ses feuillages. Des pins bordent la route, mais sans entraver la vue qui se joue librement entre leurs fûts ébranchés ; et l'on a au-dessus de soi l'aérienne mélopée de leurs cîmes. Ajoutez que nulle part ailleurs, en Bretagne, on ne respire mieux ce que le poète appelle

L'ivresse de l'espace et du vent intrépide.

Le vent s'acharne d'une aile infatigable sur ce haut plateau. On est, pour ainsi dire, bouche à bouche avec l'Atlantique qui vous souffle à la face, de tout près, sa rude haleine salée, vous fouette la peau de ses larges embruns. Le bruit des vagues se fait si distinct qu'on se croirait sur un sommet de falaise : on s'attend à recevoir dans les jambes un paquet d'écume. Point. De l'abîme, béant à vos pieds, c'est un clocher qui surgit, un clocher veuf de sa flèche, une énorme tour carrée aux étroites et longues ogives d'où s'envolent, non des goëlands, mais des corbeaux. Plus bas, voici l'église tassée de vieillesse, sous sa toiture gondolée ; et près d'elle se montre le cimetière, un arpent de montagne clos de murs en ruine et foisonnant d'herbe. On descend une pente raide, sinueuse, presque une rue, avec les restes d'un pavage ancien. Jadis, au temps d'une prospérité qui n'est plus qu'un mélancolique souvenir, c'était par ici que la diligence de Quimper à Brest faisait à Locronan son entrée, dans un fracas de ferrailles et de grelots, semant sur son passage le mouvement, la gaîté, la vie. Les femmes, leur poupon dans les bras, accouraient sur le seuil des petites maisons basses qui, toutes, portent inscrites dans leur linteau la date de leur construction et les noms des ancêtres qui les édifièrent. Les hommes eux-mêmes, tisserands pour la plupart, se soulevaient sur les pédales des métiers et, par la lucarne entr'ouverte, saluaient le postillon d'un lazzi, les voyageurs d'un souhait de bon voyage. A l'animation d'autrefois a succédé, hélas ! un morne silence. Les chemins de fer ont tué les messageries, et les machines les métiers à main. De ceux-ci, il subsiste peut-être une dizaine, et qui chôment plus souvent qu'ils ne travaillent. Au commencement du siècle, ils étaient environ cent cinquante, où se venaient approvisionner de toile à voile tous les ports du littoral cornouaillais. Du matin au soir et d'un bout du bourg à l'autre retentissait alors, selon l'expression d'un habitant du lieu, l'allègre chanson de la navette.

On vous contera que saint Ronan fut l'inventeur de cette industrie, qu'il la pratiqua lui-même — sans doute dans l'intervalle de ses promenades — et l'enseigna au penn-tiern, son compagnon de prière. Avant lui les pêcheurs se contentaient de suspendre des peaux de bêtes aux mâts de leurs embarcations. Il fit planter du chanvre, montra l'art d'en tisser les fibres. Une source d'abondance et de richesse ruissela sur le pays. L'opulence des bourgeois de Locronan devint aussi proverbiale que celle des armateurs de Penmarc'h. On en peut contempler d'éloquents vestiges dans les pignons élégamment sculptés ou dans les façades monumentales qui encadrent la place. Ce sont demeures de grand style, dont quelques-unes traitées avec goût dans la manière de la Renaissance. Si déchues soient-elles de leur antique splendeur, elles ont encore fière mine, gardent jusqu'en leur délabrement un air de noblesse et de solennité, communiquent à l'humble bourg un je ne sais quoi de magistral qui en impose. Rien de banal, ni de mesquin. Cela a la majesté solitaire des belles ruines ; cela en a aussi la pénétrante tristesse. Le cœur se serre à parcourir les menues ruelles qui, contournant les maisons, rampent vers la campagne ou plongent à pic au fond du quartier de Bonne-Nouvelle (Kêlou-Mad.) Ce ne sont là que murs croulants, décombres épars, jonchant au loin les jardins en friche. On a le sentiment d'une cité qui s'effrite pierre à pierre, et qui ne se relèvera plus. Ses habitants mêmes, de jour en jour, l'abandonnent, émigrent, comme si un sort pesait sur elle, quelque malédiction à longue échéance proférée, voilà treize cents ans, par le thaumaturge de la montagne.

Mais non. L'esprit de Ronan ne s'est pas retiré de sa bourgade. Tout au contraire ; il en est resté le génie bienfaisant. C'est grâce à lui si elle retrouve, à de périodiques intervalles, un semblant d'animation et de vie. Tous les sept ans, en effet, comme il arrive, dit-on, pour les villes mortes de la légende, Locronan se réveille, voit abonder dans son désert un peuple de pèlerins. Durant l'espace d'une semaine, il peut se croire revenu aux jours les plus brillants de son histoire. Ce miracle, c'est la *Troménie* qui l'opère.

III

Troménie est une corruption de *Trô-minihy* et signifie proprement « tour de l'asile.» Ces asiles, ces minihys, dans l'ancienne Eglise de Bretagne, étaient des cercles sacrés d'une, de deux, quelquefois de trois lieues et plus, entourant les monastères et jouissant des plus précieuses immunités. Celui qui dépendait du prieuré de Locronan couvrait une vaste étendue, empiétait sur le territoire de quatre paroisses : Locronan, Quéménéven, Plogonnec et Plounévez-Porzay. Le pèlerinage de la Troménie consiste à en faire le tour, en suivant une ligne traditionnelle qui n'a pas varié depuis des siècles. On ne s'écarte guère des flancs du *ménez* dont la masse énorme absorbe, confisque la vue, apparaît comme le centre de la fête. Aussi les fidèles, peu soucieux d'une étymologie dont le sens pour eux s'est perdu, expliquent-ils Troménie par *Trô-ar-ménez* qu'ils traduisent librement : le Pardon de la Montagne.

Quant au trajet à parcourir, c'est celui-là même — on l'a deviné — où se complut Ronan le marcheur, du temps qu'il était de ce monde. Voie étrange hors de toute voie, espèce de sentier mystique, à peine frayé et que jalonnent seulement, de loin en loin, des calvaires. Il n'est pas aisé de s'y reconnaître. Mais au besoin le saint en personne s'offre à remplir les fonctions de guide.

Une pauvresse m'a fait ce récit.

Elle avait promis d'accomplir le pèlerinage, de nuit, et elle s'était mise en route au crépuscule, comptant sur la lune pour éclairer ses pas. La lune ne se leva point. D'épais nuages venus de la mer avaient envahi le firmament. La vieille cheminait néanmoins, trébuchant dans les pierres, se cognant parfois le front aux talus. Quand elle fut au milieu des landes, elle s'arrêta ; elle ne savait plus de quel côté s'orienter dans les ténèbres. Une grande peur la prit. Elle allait renoncer à son vœu. Mais tout aussitôt une voix de pitié se fit entendre qui la réconforta.

« — Pose tes pieds où je poserai les miens », disait la voix.

Elle chercha à voir qui lui parlait de la sorte. Vainement. Elle ne distingua rien... si ce n'est deux pieds nus, d'une blancheur éblouissante, qui marchaient devant elle et qui laissaient à mesure dans le sol de lumineuses empreintes. Elle put ainsi parvenir sans encombre au terme de ses dévotions.

« — Etre secourable, » s'écria-t-elle en joignant les mains, « apprends-moi ton nom, que je le bénisse jusqu'à l'heure de ma mort ! »

« — Tu n'as cessé, tantôt, de l'invoquer dans tes litanies », répondit la voix.

Alors, elle comprit, s'agenouilla pour baiser les pieds du saint ; mais il avait disparu.

Dès le douzième siècle, la Troménie septennale prenait rang parmi les grandes assemblées religieuses de la Bretagne. On s'y rendait par clans des points les plus éloignés, — de l'extrême Trégor, du fond des landes vannetaises. Saint Yves y figura, accompagné de son inséparable Jehan de Kergoz. Plus tard les Ducs se firent un devoir de s'y montrer. La tradition s'était déjà répandue qu'il faut avoir passé par Locronan pour gagner le ciel. Une année, la fête revêtit un éclat particulier. De beaux seigneurs aux costumes somptueux, montés sur des chevaux richement caparaçonnés, débouchèrent devers Plogonnec, suivis d'une multitude de gens d'armes et précédés d'un escadron de trompettes sonnant à pleins poumons. Ils escortaient un carosse d'où l'on vit descendre une mignonnette jeune femme en coiffe du temps, juste comme la procession traversait la place. Elle était gente et accorte, avec des yeux clairs, très doux, et un joli front têtu de Bretonne. Quand les porteurs des reliques eurent défilé, elle se vint joindre pieusement à un groupe de fermières qui, habillées d'étoffes rouges aux chamarrures d'argent et d'or, formaient une garde d'honneur à la statue de sainte Anne. Elle marchait difficilement dans ses petits brodequins peu habitués à fouler les cailloux des chemins creux ou les aspérités broussailleuses des landes, et l'on devinait de suite en elle quelque *pennhérès* de la ville, mais brave, résolue, « ne plaignant point sa route ». Penchée sur le livre d'heures d'une de ses voisines, elle entonna le cantique à l'unisson des autres voix. Et tout le long de la Troménie, elle chanta : on eût dit qu'un rossignol mélodieux s'égosillait entre ses lèvres, tant elle savait donner d'onction et de grâce aux rudes syllabes des versets armoricains. Les gars préposés aux bannières se détournaient sans cesse pour la regarder. Ils apprirent au retour qu'elle avait nom « la duchesse Anne » et qu'elle était mariée au roi de France.

Bonne et chère Duchesse, j'ai souvent consulté à ton sujet les populations de l'armor trégorrois.

Tu n'es déjà plus pour elles qu'un symbole. Mais en ce canton de Cornouailles ta mémoire vit, et presque ta personne. Dans une hutte, sous des hêtres — derniers vestiges de la forêt de Névet —, des sabotiers m'ont parlé de toi comme s'ils t'avaient connue. Ils dépeignaient ton visage velouté ainsi qu'un beau fruit ; ils célébraient ta chevelure, ton sourire, ton charme, se souvenaient du timbre de ta voix. Pour un peu ils eussent juré qu'ils étaient présents à cette Troménie où tu assistas. Qui oserait, après cela, contester la magique influence de Ronan ?

On en cite des témoignages bien autrement significatifs.

Telle cette Troménie fantastique que le saint, à ce que l'on prétend, dirigea lui-même. Il pleuvait depuis la veille une pluie acharnée, et la montagne était labourée en tous sens par de véritables torrents. Le clergé décida que la procession n'aurait pas lieu, qu'elle serait différée au dimanche d'après. Cela mécontenta, paraît-il, le susceptible Ronan qui, de son vivant, ne s'était jamais préoccupé du temps qu'il faisait pour vaquer à son pèlerinage quotidien. Voilà que soudain les cloches s'ébranlent. Un chœur invisible entonne l'hymne de marche, et, par la baie du portail que le sacristain affirmait pourtant avoir fermée, jaillit un premier flot de « Troméniers », puis un autre, puis d'autres encore, interminablement. On ne sait qui ils sont ni d'où ils viennent. Ils ont des figures jaunes et moisies. Une fade et bizarre odeur s'exhale de leurs vêtements d'une forme inconnue. Ils chantent sans remuer les lèvres, et leur voix est faible, lointaine, semble sortir des entrailles de la terre. A leur tête s'avance le thaumaturge. Par dessus sa robe de bure il a passé les ornements épiscopaux. Un cercle de lumière entoure son front, et sa barbe de neige resplendit comme une gloire. Il va, et le sol se sèche à mesure devant ses pas, et la pluie, respectueuse, s'écarte. Les grandes, les lourdes bannières s'éploient, portées à bras tendus par des vieillards mystérieux aux carrures athlétiques. Et leurs soies, leurs broderies, leurs images luisent clair comme par une journée de soleil. Là-haut, dans le ciel, une trouée d'azur s'est faite, qui se déplace avec la procession, reste toujours suspendue au-dessus d'elle comme un dais, tandis qu'à l'entour il ne cesse de pleuvoir, de pleuvoir à verse.....

On inspecta le lendemain les bannières, rentrées d'elles-mêmes dans leurs gaînes : elles n'avaient pas reçu une goutte d'eau. Saint Ronan avait évidemment voulu donner une leçon à son clergé et à ses paroissiens. L'avertissement fut compris. Depuis lors, au jour et à l'heure fixés, le cortège de la Troménie se met en marche, quelque temps qu'il fasse.

IV

En général, il fait beau. La fête s'ouvre, en effet, le deuxième dimanche de juillet, dans la période la plus aimable de l'été breton. J'ai assisté à la plus récente, à celle de 1893. Au petit matin, je prenais avec les pèlerins de la région de Quimper le train de Douarnenez. Il vous dépose à la station dite de Guenguat, — une maisonnette mélancolique, ceinte de landes et de marais, à plusieurs kilomètres de tout centre habité. Comme personnel, un employé unique, une femme, dont la principale besogne consiste à regarder passer de temps à autre quelques wagons et à écouter tinter, le soir, des angélus lointains. Un étroit ruban pierreux conduit à une route vicinale, à une de ces délicieuses et minuscules routes bretonnes qui s'en vont, comme la race elle-même, d'une allure de flânerie, s'attardent en mille détours et se laissent mener par leur rêve pour n'aboutir nulle part. On voyage dans une ombre lumineuse, entre des talus tapissés d'un fouillis de plantes, de fleurettes pâles, d'herbes longues et fines pendantes comme des chevelures. On ne voit, on n'entend rien que le reflet mouvant des feuillages sur la chaussée criblée de gouttes de soleil et un léger bruit d'eau dans les cressonnières aux deux bords du chemin.

Brusquement, dans une éclaircie, surgit la montagne sacrée, la croupe encore fumante des buées de l'aube. Des silhouettes de pélerins se dessinent, imprécises, sur la crête et le long des pentes. Les Troménies individuelles, — plus fécondes en grâces, dit-on, sans doute en tant que plus conformes à l'esprit de la tradition primitive, — ont commencé à circuler à partir de minuit. Aussi y a-t-il déjà des gens qui reviennent, les traits un peu las, les vêtements détrempés par la rosée. Un premier calvaire se dresse au pied du mont ; sur les marches, des femmes sont assises et déjeunent d'un morceau de pain bis graissé de lard. L'une d'elles, m'interpellant au passage, me crie :

« — Inutile de vous presser. Vous arrivez trop tard. Le saint n'est plus chez lui. »

Leurs dévotions scrupuleusement accomplies, nos paysannes plaisantent volontiers. Je riposte :

« — Eh bien ! alors, j'irai chez Kébèn. »

« — Pour celle-là, vous la rencontrerez ! » m'est-il répondu. « Et même au lieu d'une, vous en trouverez cinq cents... »

Il faut savoir que le mauvais renom de la mégère de Kernévez s'est étendu, bien injustement du reste, à toutes les ménagères du quartier : il a fait tache d'huile à travers les siècles.

Entre Locronan et Quéménéven
Il n'y a femme qui ne soit une Kébèn,

dit un adage inventé, je suppose, par quelque commère d'un bourg voisin, à l'époque où la prospérité de ce petit pays industrieux faisait autour d'elle tant de jaloux. Le vieil individualisme celtique est demeuré vivace en Bretagne, et les rivalités, les rancunes s'y perpétuent d'un village à l'autre, avec une sorte de jovialité féroce...

Je suis déjà haut dans la montée que j'entends encore, derrière moi, rire à gorge déployée mes Cornouaillaises retour de pardon. Mais, à mesure que je m'élève, il semble que je pénètre dans une atmosphère d'infini silence ; on respire dans l'air ce je ne sais quoi de religieux qui enveloppe partout les sommets et qui les fit vénérer de nos ancêtres aryens comme des tabernacles de la divinité. La brise, qui souffle par lentes bouffées, est chargée de parfums d'une essence rare, de la fine senteur des herbes aromatiques ; et les groupes de nuages dans le ciel ressemblent à de grandes figures agenouillées..... Les sons d'une clochette ont retenti. Une voix psalmodie en breton :

« — Passant, donnez une obole !..... Pour l'amour de saint Thégonnec, donnez ! »

Au fond d'une hutte façonnée, comme jadis celle de Ronan, de branchages entrelacés et recouverte d'un drap en guise de toiture, un homme est accroupi sur une escabelle, un *glazik* en veste neuve bordée d'un large galon jaune. Devant lui est une table parée à l'instar d'un autel, et, sur la table, une statuette de saint, noire, enfumée, une de ces images barbares particulièrement chères aux Armoricains, à cause de leur antiquité même. Un plat de cuivre, à demi plein de gros sous, est disposé auprès de l'icône pour recevoir les offrandes. C'est là une espèce de péage mystique établi de place en place sur tout le pourtour de la Troménie. On en compte jusqu'à soixante et soixante-dix, de ces logettes éparses aux flancs du mont. Les quatre paroisses qui avaient une portion de leur territoire comprise dans l'ancien minihy s'y font représenter non seulement par le patron de leur église, mais encore par la multitude des « petits saints » indigètes en honneur dans les chapelles locales. Et près de chacun d'eux se tient un délégué de la fabrique qui, dans un boniment naïf, énumère ses vertus, rappelle ses miracles, vante les merveilleuses propriétés de l'eau de sa fontaine, quelquefois tend à baiser aux pèlerins des fragments de ses reliques. Le proverbe « chacun prêche pour son saint » n'a jamais été d'une application plus directe et plus littérale. Ainsi le culte de Ronan devient une source de profits pour tous les sanctuaires de la région. Il est juste d'ajouter que cet usage, d'une origine fort reculée, ne s'explique pas uniquement par des raisons de lucre. C'est une croyance répandue dans toute la péninsule que les saints d'un même canton se doivent faire visite le jour de leurs pardons respectifs. Si on ne prend soin de les y mener, ils s'y transportent, dit-on, spontanément. Des pêcheurs de la côte trégorroise m'ont affirmé avoir vu Notre-Dame de Port-Blanc se rendre par mer, la nuit, à la fête votive de Notre-Dame de la Clarté. Ne nous étonnons donc pas si les Urlou, les Corentin, les Thujen, les Thégonnec et tant d'autres thaumaturges, en perpétuelles relations de voisinage avec Ronan, délaissent momentanément leurs oratoires, à l'occasion de la Troménie, pour le venir saluer sur les limites de son domaine. Que s'ils bénéficient par surcroît de quelque aumône, ce serait cruauté de leur en vouloir. Ils sont si pauvres, les bons vieux saints, et leurs rustiques « maisons » si misérables !...

Le sentier traditionnel traverse en cet endroit la grand'route. A l'un des angles du carrefour s'érige une croix fruste taillée tout d'une pièce, peut-être dans un menhir, plus probablement dans un de ces blocs de granit connus sous le nom de *lec'h* qui servirent, aux premières époques du christianisme, à marquer en Bretagne les sépultures. C'est ici la tombe de Kébèn. L'herbe y est maigre et brûlée ; jamais fleur n'y a fleuri ; les bruyères même s'en écartent, et les humains les imitent ; ils la contournent à distance d'un pas rapide, en se signant. Qui sait si, en dépit du lourd monolithe qui l'opprime, l'esprit de rébellion enfermé là ne va pas tout à coup faire éruption comme un volcan ? j'y ai cependant vu s'agenouiller une vieille femme, et cela non par inadvertance, car à sa fille qui la morigénait elle répondit :

« — Vous êtes jeune encore. Quand vous

aurez été plus longtemps à l'école de la vie, vous aurez appris la pitié. »

Incessamment des Troméniers passent, gravement, tête nue, leur chapeau dans une main, dans l'autre un chapelet. Ils cheminent en silence, sans échanger une parole : la Troménie est un « pardon muet ». A leurs yeux vagues, obstinément fixés devant eux, on devine que toute leur âme est concentrée dans une oraison intérieure dont rien ne la saurait distraire, pas même le splendide horizon qui, vu de ces hauteurs, semble se déployer au loin comme les branches mouvantes et merveilleusement nuancées d'un éventail prestigieux. Ils marchent isolés ou par troupes. C'est tantôt une famille, avec tous ses membres, tantôt un village entier, un clan de laboureurs émigré en masse, hommes et femmes, enfants et chiens. Les profils se détachent avec une extraordinaire netteté sur le bleu délicat du ciel, puis s'évanouissent dans les sinuosités de la montagne.

Une des principales étapes est celle qui va de la tombe de Kébèn à la « Jument de pierre ». Le sentier s'engage entre des ajoncs, franchit des carrières abandonnées, côtoie des champs de blé noir, se perd enfin dans une lande, vaste étendue de gazon roussi, luisante au soleil comme un miroir immense que les nuages balaient de leurs grandes ombres. Au milieu de la lande est vautré le monstre de granit. Il a bien les formes étranges et colossales de quelque animal des temps fabuleux. Le culte dont il est l'objet remonte certainement à une époque de beaucoup antérieure à notre ère. On sait de quel naturalisme profond était empreinte la mythologie celtique. Tout dans la nature lui apparaissait comme divin, les arbres, les sources, les rochers. Ces antiques conceptions sont demeurées vivaces au cœur du peuple breton. Le christianisme s'est superposé à elles ou les a tirées à lui : ne les pouvant détruire, il les a confisquées. Mais il n'est pas nécessaire de creuser très avant dans l'âme de la race pour retrouver intact le fond primitif. En ce qui est de la pierre de Ronan, on lui a longtemps attribué une vertu fécondante. Il y a peu d'années encore, les jeunes épousées s'y venaient frotter le ventre, dans les premiers mois du mariage, et les femmes stériles, pendant trois nuits consécutives, se couchaient sur elle, avec l'espoir de connaître enfin les joies de la maternité. On abandonne aujourd'hui ces pratiques, mais je me suis laissé dire qu'elles ne sont peut-être pas aussi mortes qu'elles en ont l'air.

Les pèlerins de la Troménie se contentent, en général, de faire le tour de la pierre sacrée. Les plus dévots, néanmoins, et aussi les gens fiévreux ou sujets à des maladies nerveuses, ne manquent pas de s'asseoir dans une anfractuosité du roc, sorte de chaire naturelle sculptée par les pluies, que Ronan affectionnait en ses heures de sieste et de méditation. Il jouissait de cette place d'un des plus admirables panoramas qui se puissent contempler.

Les vieux thaumaturges de la légende armoricaine n'étaient point des ascètes moroses, des contempteurs de l'univers. Ils font plutôt songer aux *richis* de l'Inde. Les austérités de la vie érémitique ne fanaient en eux ni la délicatesse du sentiment, ni la fraîcheur de l'imagination. S'ils recherchaient la solitude, c'était sans doute pour se vouer plus exclusivement à Dieu, mais aussi pour entrer en un contact plus direct, plus intime, avec la frémissante beauté des choses. Ils étaient des poètes en même temps que des saints. La magie de la nature les enchantait. La tradition nous les montre cheminant des jours, des mois, avant de s'arrêter au choix définitif d'une demeure. Une boule, dit-on, roulait devant leurs pas : entendez par là qu'un instinct supérieur les guidait. Ils attendaient pour bâtir leur cellule d'avoir rencontré un paysage digne d'alimenter leur rêve. Aux uns il fallait les hauts lieux, l'immensité des horizons ; d'autres préféraient le mystère des vallées toutes chuchotantes du bruissement des eaux et du frisson des feuillages. Presque toujours ils s'arrangeaient de façon à avoir — petite ou grande — une ouverture sur la mer. La plupart de leurs oratoires sont, en effet, situés dans la zône maritime, dans l'*Armor*. Ils aimaient la mer pour elle-même, parce qu'elle est la mer, la seule chose au monde peut-être dont le spectacle ne lasse jamais ; et aussi, parce qu'elle est comme la face visible de cet infini qui obsédait leur âme ; et enfin, parce que ses flots baignaient là-bas leur patrie ancienne, les grandes îles brumeuses d'Hibernie et de Breiz-Meur d'où la tourmente saxonne les avait chassés. Aux soirs nostalgiques, leur pensée dut s'en retourner plus d'une fois, dans la houleuse chevauchée des vagues, vers les monastères tant regrettés d'Iona, de Clonard, de Laniltud, de Bangor....

Devant les yeux de Ronan, la baie de Douarnenez, ou, pour parler comme les Bretons, la Baie, — à leur avis, elle est l'unique — développait sa courbe harmonieuse, faisait étinceler le sable fin de ses grèves et, sur la perspective des eaux, découpait en une suite de figures austères et hardies la majesté de ses promontoires. On comprend sans peine la prédilection du saint pour ce versant du *ménez*. Il n'y a guère de sites en Bretagne d'où la vue s'étende plus à l'aise et sur un décor à la fois plus éternel et plus changeant.

Je gagne le bourg en compagnie d'une aïeule toute branlante, toute disloquée, qui s'appuie d'une main sur son bâton de pèlerine, de l'autre sur l'épaule d'un garçonnet de douze à quinze ans, son arrière petit-fils. L'enfant flotte en des vêtements trop larges, défroque presque neuve de quelque frère aîné « péri en mer ». Il a une petite mine drôle, très éveillée, avec un je ne sais quoi de vieillot déjà dans l'expression, des regards d'une gravité singulière, pleins de choses d'ailleurs, un air de tristesse prématurée.

« — Il va s'embarquer pour le long cours, » m'explique la bonne femme. « Alors, je suis venue le présenter à saint Ronan. C'est la neuvième Troménie que j'accomplis. Oui, ce sentier m'a vue passer neuf fois, avec mon homme, mes gars, et les fils de mes gars. Je les ai pleurés tous et n'en ai enseveli aucun. Ils sont dans le cimetière sans croix. Celui-ci est le dernier qui me reste. J'ai idée que la mer le prendra comme elle a pris les autres. Cela est dur, mais il faut que chacun suive son destin... »

Le mousse, lui, ne dit rien, sourit vaguement du côté des boutiques installées sur la place; et la mer au pied des collines, s'étale, glauque, pailletée d'or, attirante et chantante, sirène délicieuse, doux miroir à prendre les hommes.

Du dehors, l'église de Locronan dont le vaisseau principal appartient au quinzième siècle a la noblesse, l'ampleur de proportions d'une cathédrale. L'intérieur en est d'un caractère saisissant. On y accède par un vaste porche en arc surbaissé. Une impression de vétusté, de délabrement, de grandeur aussi — de grandeur solitaire et quasi farouche — vous envahit l'âme, dès le seuil. Des masses d'ombre se balancent suspendues aux voûtes ou rampent le long des parois. On se croirait dans un sous-bois ténébreux, traversé çà et là de clartés verdâtres. On respire l'horreur des forêts sacrées. Les piliers, couverts de mousses, de végétations parasites, rappellent effectivement les arbres pétrifiés de la légende. Ou bien encore, on songe à l'église d'une de ces villes englouties, Tolente, Ker-Is, Occismor, tant les murs dégagent d'humidité, tant la lumière qui les baigne est étrange, crépusculaire, spectrale.

La chapelle du Pénity, accotée à la nef, brille d'un rayonnement plus vif. Là est la tombe de l'anachorète, là se détache en relief sur une table de Kersanton l'hiératique et rude image de Ronan.

Les traits sont d'une belle sérénité fruste : dans la fixité des prunelles semblent nager encore les grands rêves interrompus. Une des mains tient le bâton pastoral, l'autre le livre d'heures. A l'autel, un prêtre officie[1]. Il bénit l'assistance, et le défilé commence autour du tombeau. Les dévots circulent en rangs pressés. Plus de femmes que d'hommes, et presque toutes de la région de Douarnenez. Elles sont fraîches, roses, et comme nacrées, avec des yeux gris, du gris azuré de la fleur de lin. La coiffe, qui enserre étroitement le visage, lui donne un air inoubliable de candeur et de mysticité. Elles touchent du front, à tour de rôle, le reliquaire en forme de navette que leur présente un diacre ; puis, se retournant vers le thaumaturge de pierre, elles lui impriment sur la face leurs lèvres saines dont les souffles de la montagne ont singulièrement avivé l'éclat.

Et c'est ici la vraie revanche de Ronan.

La femme, dans la conception des Celtes, appa-

---

[1] C'était, si je ne me trompe, l'abbé Thomas, aumônier du Lycée de Quimper, et l'un des principaux zélateurs du culte des vieux saints nationaux dans le Finistère. On lira avec fruit l'importante brochure qu'il a consacrée à la Troménie.

raît comme une magicienne exquise et perverse tout ensemble, douée d'un pouvoir irrésistible, surnaturel, et qui prend tout l'homme sans rien livrer d'elle-même. Nos poètes populaires la célèbrent sans cesse dans les *soniou*, mais avec quelle tristesse résignée ! Et qu'il y a parfois d'angoisse mêlée à leurs effusions d'amour ! Les saints la craignaient, voyaient en elle un obstacle insurmontable à la sainteté. Efflam, contraint par son père de se choisir une épouse, ressentit devant la beauté d'Enora un tel trouble qu'il s'évanouit sur le parquet de la chambre nuptiale. Sans l'intervention d'un ange, il n'eût jamais eu le courage de s'enfuir. Enora l'ayant rejoint à travers le péril des eaux, il refusa d'entendre le son de sa voix et lui fit bâtir un ermitage de l'autre côté de la colline. Envel ne se montra pas moins impitoyable envers sa sœur Jûna. Pas une fois il ne lui rendit visite dans sa cellule qu'une vallée seulement séparait de la sienne. Il n'apprit sa mort que lorsque la cloche qu'elle avait coutume de sonner à l'heure de la prière ne tinta plus.

Proscrites, anathématisées par les saints, les

femmes usaient de représailles à leur égard. En plus d'une occasion, elles leur jouèrent de fort vilains tours [1]. On a vu de quelle haine sans rémission Kébèn poursuivit Ronan. Je n'ai pas tout rapporté. Un hagiographe raconte qu'elle l'accusa publiquement d'avoir voulu lui faire violence. Mort, elle le traita de la façon que l'on sait. La trace de l'immonde crachat reparaît toute fraîche, dit-on, à chaque Troménie, sur la joue gauche du cadavre de granit; et c'est elle, c'est cette souillure ineffaçable que les filles de Cornouailles viennent, de sept ans en sept ans, essuyer pieusement avec leurs baisers.

Cependant les cloches s'ébranlent. Les vibrations d'un glas tombent dans l'église à coups lugubres et espacés; un chœur de prêtres entonne l'office des morts. La Troménie n'est pas seulement un pèlerinage de vivants. Les défunts qui n'ont pu l'accomplir en ce monde se lèvent du pays des âmes pour y prendre part. Croyez que

[1] Cf. *Les saints bretons, d'après la tradition populaire*. Annales de Bretagne, 1893-1894.

parmi les êtres visibles et palpables, agenouillés là sur les dalles, rôde tout un peuple d'ombres évadé des cimetières. Une haleine froide qui vous fait frissonner, une odeur souterraine dont l'atmosphère s'imprègne tout à coup : autant de signes révélateurs de l'approche des défunts, de la mystérieuse venue des *Anaon*. J'entends dire, sous le porche, à une fermière de Plogonnec qu'à la dernière Troménie, comme elle était en oraison, elle se sentit chatouiller la nuque par des doigts glacés. S'étant retournée, elle faillit se pâmer de stupeur en se trouvant face à face avec son mari qu'elle avait enterré l'année d'avant et pour qui justement elle récitait le *De profundis*. « J'allais lui parler, mais il lut sans doute mon intention dans mes yeux, car aussitôt il s'éclipsa... »

C'est du haut des degrés qui conduisent au portail qu'il faut jouir du spectacle de la grand'messe. Par les vantaux ouverts, le regard plonge à travers la nef jusqu'au fond de l'abside qui, derrière cette forêt de piliers aux fûts énormes, luit, inondée de soleil, comme une clairière éblouissante. Les hommes sont groupés aux premiers rangs : un flot de têtes rudes et carrées aux longues chevelures celtiques. Ensuite viennent les femmes, prosternées dans toutes les attitudes. On voit palpiter les ailes de leurs coiffes où le jour multicolore des vitraux met de chatoyantes irisations. On dirait un vol d'oiseaux de mer engouffré dans l'église. Et des chants se traînent en notes éplorées, des chants pareils à des mélopées barbares, très graves et très doux.

De midi à deux heures, il se produit une sorte de détente. C'est un rude pardon que la Troménie, et où l'on ne doit ménager ni sa sueur, ni sa peine. On n'y gagne pas que des indulgences, mais encore un robuste appétit. L'air vif des hauteurs, aiguisé de salure marine, et quelque cinq lieues par les ravines et les landes vous dilateraient l'estomac d'un citadin ; à plus forte raison, d'un rustique. D'ailleurs, il n'est point de concours religieux en Bretagne qui n'aille sans un semblant de liesse profane. Donc, tandis que l'église se vide, les auberges s'emplissent. Trouve place qui peut. D'aucuns vont s'installer hors bourg, à l'ombre d'un pan de mur, emmi les ruines enguirlandées de lierre qui jonchent au loin la campagne. L'unique hôtel du lieu, dont la vieille façade pleure inconsolablement la mort des diligences, a tendu son hangar de draps blancs, comme pour une noce de village. J'y déjeune avec les Troménieurs d'importance, patrons de pêche ou riches laboureurs, gens de Plonéis, de Tréboul, de Kerlaz et de Ploaré. Des bouffées de brise gonflent les toiles, font claquer autour de nous toutes ces blancheurs sonores. La foule, sur la place, va, vient, grossie de quart d'heure en quart d'heure, exaltée, grisée de son propre bruit. Une allégresse sacrée commence à vibrer dans l'air.

Notez ceci. Dans ce vaste bourdonnement humain, pas une clameur de mendiant, pas une de ces lamentations geignardes qui vous obsèdent les oreilles à tous les autres pardons de Bretagne. Les exhibiteurs de plaies, réelles ou simulées, ne se montrent point à Locronan ni sur le parcours du pèlerinage. Il est vrai que la Troménie est faite pour décourager les infirmes, culs-de-jatte, tortillards et béquillards de toute espèce. Elle est avant tout la solennité des ingambes.

V

Jadis, c'est à coup de poings et de *penn-baz* qu'on se disputait l'honneur de porter les grandes bannières à la procession de saint Ronan. Heureuse la paroisse dont les champions triomphaient ! Elle était assurée pour sept ans d'une prospérité sans égale. Pendant sept ans, il ne naissait chez elle que des garçons, des « gagneurs de pain », solides et bien venus ; les poutres des greniers rompaient sous le poids des récoltes ; les barques rentraient, le soir, avec des pêches miraculeuses, et les âmes, comme en un paradis terrestre, fleurissaient exemptes de souci. Aussi la lutte pour les bannières dégénéra-t-elle plus d'une fois en combat sanglant. Il y eut des poitrines enfoncées, des crânes fendus. Le clergé jugea nécessaire de faire intervenir la force publique. Mais la présence de la maréchaussée, loin d'en imposer à la population, l'exaspéra. Chacun y vit une atteinte aux libertés locales, bien plus, une sorte de profanation de la fête. Que ne laissait-on les gens s'arranger entre soi ? Et quel besoin d'associer ces intrus, ces *gallots*, à la glorification de Ronan ?

Les Bretons entourent leurs saints d'un culte jaloux. Un vent de révolte traversa les cerveaux surexcités ; on cria haro sur les « Enfants de Mary Robin [1]. » Lors de la Troménie qui fut célébrée le 14 juillet 1737 éclata une véritable émeute dont un procès-verbal publié dans l'inventaire des archives départementales nous a conservé le souvenir. Les gendarmes furent pourchassés à coups de pierres et ne durent leur salut « qu'à la vitesse de leurs chevaux. »

« — Dao !... Dao ! » hurlaient les pèlerins. Ce que le sire Dugas traduit en son style de brigadier : « Donnons dessus !... Saccageons-les !... »

Les choses se passent aujourd'hui d'une façon plus civile. L'honneur de porter les bannières est toujours un objet de brigue, seulement il se paie, s'octroie à l'enchère au plus offrant. C'est moins

[1] *Bugalé Mari Robin*, sobriquet sous lequel on désigne encore les gendarmes en ce pays.

démocratique, sans doute, mais il y a aussi moins de têtes fracassées et de vestes en lambeaux. La dévotion n'y perd guère et le trésor du saint y gagne quelques écus qui, joints à la subvention de l'Etat, permettront peut-être de sauvegarder l'église, sinon de rendre à la tour décapitée la flèche qu'elle n'a plus.

Le timbre de l'antique horloge paroissiale a retenti. Les cloches qui n'attendaient que la sonnerie de l'heure se mettent en branle toutes à la fois, et, des églises lointaines, des petites chapelles enfouies sous le couvert des bois, d'alertes carillons leur répondent.

Dans la baie du porche, les voici paraître, les lourdes, les vénérables bannières, avec leurs hampes énormes où se crispent les poings des porteurs. Elles s'inclinent pour franchir la voûte, balaient le sol de leurs franges, puis, mâtées à grand'peine, se tendent soudain comme des voiles prêtes à prendre le vent. Un frémissement parcourt leurs vieilles soies ; des feux jaillissent de leurs paillettes. Et l'on croit voir les saintes images cligner les paupières aux rayons du « soleil béni » que depuis sept ans elles n'ont point affronté. La procession peu à peu s'organise. En tête s'avancent les croix de vermeil et d'argent massif, garnies de clochettes qui tintent, tintent sans fin, avec de jolies voix claires, comme autrefois la clochette en fer de Ronan. Elle est là aussi, la clochette enchantée, mais muette, immobile, clouée sur un coussin de velours, précédant de quelques pas la statue du thaumaturge. Que n'a-t-on épargné à celui-ci les ornements épiscopaux dont il se montra de son vivant si dédaigneux ? Il eût été plus beau, ce me semble, et plus *nature*, dans son manteau de laine sombre couleur de peau de bête, la moitié antérieure du crâne rasée, conformément au canon de la tonsure celtique, et, dans les mains, au lieu d'une crosse, son bâton de Troménieur éternel. Une longue, longue file de saints lui fait cortège. Les reliquaires suivent, minuscules arches d'or balancées dans un roulis d'épaules. En dernier lieu viennent les prêtres, et, sur leurs talons, houleuse, bigarrée, la foule se précipite.

Des tambours et des fifres donnent le signal du départ. Et, sous le soleil qui darde à pic, entre les façades grises des maisons, comme transfigurées par la joie, la théorie se déroule en un pêle-mêle splendide et silencieux. Le ciel, la montagne, la mer brillent d'une même clarté blonde, coupée seulement, à de rares intervalles, par les grandes nappes d'ombre brune qui tombent des nuées en marche. Toutes choses, dans cette atmosphère fluide, sont en quelque sorte fondues. Rien ne borne le regard; les lointains se sont évaporés, dissous...

Mais, déjà l'on s'enfonce dans les petits chemins. Nous avons laissé derrière nous la route battue, ses oratoires champêtres que le clergé salue au passage d'un cantique, et sa poussière, et son aveuglante blancheur. Nous tournons le dos à la montagne, à la lumière. Le sol se creuse toujours plus profondément sous nos pas. C'est presque une voie sépulcrale, pavée d'ossements de granit. Des deux côtés, de hauts talus surplombent, et au-dessus s'entrelacent des frondaisons denses ou se tordent, ainsi que les vieilles poutres au plafond des manoirs, des souches bizarres qu'on dirait sculptées. Ici le soleil ne pénètre plus. C'est à peine si un jour mystérieux filtre à travers les branches, pleut çà et là en larmes d'argent pâle. Les gens défilent en silence : hommes, femmes, glissent sans bruit, du pas furtif et pressé des apparitions dans les légendes.

« — On se serait cru en purgatoire, » murmure auprès de moi un paysan, non sans un vif sentiment d'aise, quand, la vertigineuse descente enfin terminée, nous nous retrouvons à ciel ouvert. Impossible de mieux rendre l'espèce de trouble superstitieux auquel chacun a été en proie, durant cette partie du trajet.

Désormais, tout redevient lumineux, vivant. On barbotte gaîment dans l'eau des prés ; on franchit les fondrières sur des jonchées d'iris, de roseaux, de genêts fauchés ce matin par les pâtres d'alentour ; on traverse des cours de fermes où des filles se tiennent accoudées au puits, une écuelle à la main, pour offrir à boire aux pèlerins altérés. Nous entrons dans le terroir de Kernévez, à la limite de Quéménéven. L'ombre de Kébèn y rôde encore. Son lavoir est là, sous les saules ; là aussi, la pierre où elle avait coutume de s'agenouiller, les jours de lessive. La trace de ses genoux y est restée marquée, et l'on prétend qu'à minuit, lorsqu'il fait clair de lune, on l'y peut voir tordant son suaire entre ses doigts de squelette et exprimant de la toile un mélange abominable de pus et de sang. Du moins la malédiction qui pèse sur elle n'a-t-elle pas nui au lieu qu'elle habita. C'est, en effet, un des coins exquis de la région, avec des vergers opulents, une mer de blés, des avenues de hêtres superbes où la Troménie s'attarde à plaisir et rassemble ses forces avant d'entreprendre l'assaut de la montagne.

De ce côté, le *Ménez* se dresse en apparence inexpugnable. Il a la raideur abrupte des collines où les Anciens édifiaient leurs acropoles. Porteurs de croix et porteurs de bannières l'attaquent de front, hardiment, au pas de charge. Ne vous imaginez point que ce soit par vaine ostentation de vigueur. S'ils n'escaladaient tout d'une haleine ce sentier de chèvres, ils s'affaisseraient exténués à mi-pente. Les tambours et les fifres les soutiennent de leur mieux, et la procession suit comme elle peut, à la débandade, haletante, congestionnée.

Qu'il fait bon respirer l'air de là-haut, s'éventer aux souffles de l'Atlantique et humer la grande fraîcheur qui se lève de l'occident, aux premières approches du soir !...

Le point du plateau où nous sommes parvenus a gardé le nom de *Plaç-ar-C'horn*. Kébèn dut avoir la main robuste pour faire voler jusqu'ici, d'un coup de battoir, la corne du bœuf de Ronan. Le chariot qui portait le cadavre du saint stationna, dit-on, quelques minutes en cet endroit, sans doute afin de laisser respirer l'attelage, mais aussi afin de permettre au thaumaturge d'embrasser une dernière fois du regard son horizon préféré. Il y a quelque dix ans, on y a érigé sa statue, en granit. Elle a un grand tort : celui de n'avoir point été sculptée par n'importe quel tailleur de pierres dans la manière si expressive des primitifs imagiers bretons. Au socle est adossée une chaire d'où un prêtre va tout à l'heure haranguer la foule. Et ce sera vraiment le *Sermon sur la Montagne,* au centre d'un paysage comparable pour la délicatesse, pour l'harmonieuse sobriété des lignes aux sites les plus ravissants de la Galilée d'autrefois. En attendant, les pèlerins se restaurent sous les tentes installées là par des cabaretiers des bourgs voisins, ou s'allongent sur le gazon, brisés de fatigue, ivres de soleil, sans pour cela s'interrompre de prier. Le sermon fini, ils se reformeront en procession, descendront le versant opposé du *Ménez* par les sentiers de lande que j'ai parcourus ce matin et ne rejoindront guère Locronan qu'aux premières étoiles.

Je n'ai pu entendre le prédicateur, mais je n'ai pas de peine à me figurer les choses très simples et très émouvantes qu'il a dû trouver à dire en un tel lieu, devant un tel auditoire, à cette heure, en quelque sorte religieuse, du couchant, si propice à l'évocation des légendes en un pays qui n'a jamais cessé d'y croire, si même elles ne sont à ses yeux l'unique réalité.

...... Les bannières, les croix reposent, appuyées au revers des talus. La baie de Douarnenez s'étend muette, pâlie par le soir, striée de ces moires d'azur qui sont comme les veines de la mer. De fantastiques promontoires se haussent au-dessus des eaux et peu à peu se rapprochent ainsi que des murailles mobiles pour enclore l'horizon. Des chants lointains, des tintements de clochettes annoncent que les Troménieurs se sont remis en marche. Et maintenant, tout s'est tû, même le vent. Une paix immense plane dans la douceur grise du crépuscule. Les grèves, les plaines, les vallons s'effacent, noyés d'ombre. Seule, la croupe de la montagne sainte se détache en clair sur un fond de nuages et demeure auréolée d'un nimbe de lumière mourante.

Sainte-Anne de la Palude

LE PARDON DE LA MER.

A Alexandra Vassilievna.

Sainte-Anne de la Palude.
Le pardon de la mer.

I

LA première fois que je visitai le sanctuaire de la Palude, c'était en hiver. Je m'y rendis de Châteaulin, dans une mauvaise carriole de paysan. Il faisait un après-midi d'un gris pluvieux qui avait toute la tristesse d'un crépuscule. L'homme qui conduisait avait une mine couleur du temps. On ne voyait de lui qu'un grand feutre aux bords cassés et une limousine bigarrée dont il s'était enveloppé tout le corps comme d'un burnous. Ni à l'aller ni au retour je ne pus lui arracher une parole. A chacune de mes questions il se contentait de répondre par un grognement. S'il ne parlait pas, en revanche il sifflait. Tant que dura le trajet, il siffla sans désemparer, et toujours le même air, quelque chanson de pâtre d'une désespérante monotonie. Je crois l'entendre encore. Pour compagne de voiture j'avais une petite Crozonnaise qui revenait de Lourdes et que nous devions débarquer dans les parages du Ménez-Hom. Elle s'obstinait, elle aussi, dans un mutisme farouche, le visage dissimulé sous la cape d'un épais manteau de bure noire, et, dans les doigts, un chapelet à gros grains — un souvenir de *là-bas* — dont elle faisait glisser les dizaines d'un mouvement continu et furtif. La prière errait sans bruit sur ses lèvres minces. Ses paupières demeuraient opiniatrément baissées, sans doute pour ne rien laisser fuir du monde de visions extatiques qu'elle rapportait de son pèlerinage. Son front étroit, d'un dessin très pur était fermé comme d'une barre. J'eusse souhaité avoir de sa bouche quelques renseignements sur

le grand pays mélancolique — inconnu pour moi
— que nous traversions et dont les moindres
détails devaient lui être familiers. Mais je devinai
tout de suite en elle une de ces petites sauva-
gesses de la côte bretonne pour qui tout homme
habillé en bourgeois, parlât-il leur langue, est un
étranger, un être suspect. Je n'eus garde de la
troubler dans son oraison.

Ce fut un singulier voyage, ce que les Bretons
appellent « un voyage de Purgatoire » à cause,
sans doute, de l'aspect fantômal que prennent les
lointains sous les ciels bas et troubles, noyés d'eau.

Nous gravîmes d'abord une série de paliers,
dans une contrée nue, hérissée seulement çà et là
de pins sombres au feuillage couleur de suie,
derniers survivants d'une forêt décimée. A droite,
à gauche, s'arrondissaient des dos de collines
pareils à des tombes immenses des âges préhisto-
riques. J'ai su depuis les noms de ces cairns
étranges. Presque tous sont connus sous des voca-
bles de saints; des chapelles se dressent à leur
sommet où s'accrochent à leurs flancs, petits oratoires déserts et caducs où trône quelque vieille

statue barbare et dont la cloche ne s'éveille qu'une fois l'an, pour tinter une basse messe, le jour du pardon. Si l'on en croit la légende, Gildas lui-même eut sa cellule sur une de ces hauteurs, Gildas, l'apôtre à la parole véhémente, le Jérémie de l'émigration bretonne. Sa grande ombre rôde, dit-on, inapaisée, dans ces parages et il n'est pas rare, durant les nuits de tempête, qu'on entende gronder sa voix, mêlée au fracas de l'ouragan.

A l'auberge des Trois-Canards, le véhicule fit halte. Nous étions au pied du Ménez-Hom. La Crozonnaise descendit, paya sa place au conducteur, et s'engagea dans la montagne, tandis que nous dévalions vers la mer. C'étaient maintenant des cultures boisées, des champs encadrés d'épais talus où apparaissait de temps à autre une toiture de ferme au centre d'un bouquet de chênes, mais le paysage restait muet et comme inhabité. Nous traversâmes deux ou trois bourgs, sans voir une âme, puis de nouveau la terre se dégarnit. Plus d'arbres, nulle trace de labour. Un souffle âpre nous fouetta le visage ; des vols d'oiseaux blancs passèrent en poussant un cri bizarre, une sorte de glapissement guttural; le bruit d'une respiration puissante et sauvage s'éleva, et, par une échancrure des dunes, j'aperçus l'océan. Je lui trouvai une mine rétrécie, à la fois odieuse et bête, sinistre et pleurarde.

« — Nous sommes donc arrivés ? » demandai-je à l'homme, en le voyant sauter à bas de son siège.

« — Oui », me répondit-il d'un ton bref, et sans s'interrompre de siffler.

De fait, la route semblait finir là, devant un porche en ruine donnant accès dans une cour au fond de laquelle une espèce de manoir de forme primitive croulait de vétusté. On eût dit un logis abandonné. Mon entrée mit en fuite une bande de poussins. Le sol de terre battue était jonché d'outils et d'engins de toute sorte : je dus enjamber une charrue renversée le soc en l'air; des filets de pêche séchaient suspendus aux dents d'une herse, le long de la muraille, et des hoyaux, des pioches de carriers traînaient pêle-mêle avec des rames, des poulies, des tronçons de mâts, épaves d'un récent naufrage, sentant le goudron et la saumure. Je crus m'être trompé, avoir pris la grange pour l'habitation, et je m'apprêtais à rebrousser chemin, quand vint se planter en face de moi, échappée je ne sais d'où, une fillette d'une douzaine d'années, figure hâve aux yeux verts et phosphorescents, qui, posant un doigt sur ses lèvres, me fit signe de ne point parler.

« — Mon père s'assoupit », murmura-t-elle; « pour Dieu ! donnez-vous garde de le réveiller. »

Elle me montrait à l'autre bout de la pièce, un lit clos, le seul meuble à peu près valide qu'il y eût en ce pauvre intérieur. Une forme humaine y était couchée, dans une rigidité cadavérique ; un linge mouillé recouvrait le visage ; les mains, étendues à plat sur la couette de balle, étaient souillées de boue et de sang.

« — Qu'est-ce qu'il a donc, ton père ? »

« — Avant-hier, comme il revenait du marché, un peu soûl, je pense, la charrette lui a passé sur le corps. Depuis, il n'a cessé de geindre, jour et nuit, si ce n'est tout à l'heure quand je lui ai appliqué ce linge sur la face. C'est le premier repos que je lui vois prendre. »

« — Et tu n'as pas appelé de médecin ? »

A cette question si naturelle, la fillette scandalisée eut un bond d'effarement et, fixant sur moi ses claires prunelles de chatte sauvage :

« — Ne sommes-nous pas ici dans la terre de sainte Anne ? » prononça-t-elle. « Que parlez-vous de médecin ? Est-ce que la Mère de la Palude n'est pas la plus puissante des guérisseuses ? Elle saura bien, sans l'aide de personne, guérir mon père qui est son fermier. J'ai trempé par trois fois, en récitant trois oraisons, le linge que voilà dans l'eau de la fontaine sacrée, et vous voyez par vous-même comme déjà sa vertu opère. Qu'est-il besoin d'autre médicament ? »

Elle n'avait pas élevé la voix, de crainte de troubler le sommeil du malade, mais dans son accent vibrait une foi sombre. Peut-être y perçait-il aussi quelque irritation contre moi, car elle ajouta aussitôt d'un ton presque hostile :

« — Si vous êtes venu pour la clef, vous pouvez aller. La chapelle est ouverte. »

En me dirigeant vers cette chapelle, je m'attendais à trouver une antique « maison de prière » enfoncée à demi dans le sable des dunes, un de ces vieux oratoires de la mer comme j'en avais tant vu le long de la côte, de Douarnenez à Penmarc'h, avec des murs bas, des fenêtres à ras de sol, une toiture massive et, pour ainsi dire, râblée, capable de braver pendant des siècles la colère tumultueuse des vents. Ce fut une église neuve qui m'apparut. Quand je dis neuve, j'entends de construction récente, car les choses en Bretagne prennent tout de suite un air ancien. Le granit des murs, fouetté par la pluie, avait revêtu des teintes de lave. La porte, en effet, était ouverte. J'entrai. Un intérieur nu, sans poésie ni mystère ; un jour blafard ; la propreté morne d'une maison bien tenue dont le propriétaire serait constamment en voyage ; çà et là des statues modernes, d'un goût vulgaire et prétentieux. Je ne laissai pas d'éprouver un désappointement assez vif, après toutes les merveilles qu'on m'avait contées de ce lieu de pèlerinage. J'allais sortir : une petite toux chevrotante me fit me retourner, et, dans le bas-côté méridional, j'avisai une forme humaine, repliée et comme écroulée sur elle-même, au pied d'un pilier. C'était une de ces vieilles pauvresses dont le type tend à disparaître et qu'on ne rencontre plus guère qu'aux abords des sources sacrées. Elle priait devant une image que je n'avais point aperçue. Sur le socle se lisait cette inscription : *Sainte Anne, 1543*. De bizarres ex-voto pendaient, accrochés à la muraille : des béquilles, des épaulettes de laine, des linges maculés, des jambes en cire.

Je fus frappé de l'extraordinaire ressemblance de la suppliante avec la sainte, l'une en pierre, l'autre pétrifiée à demi. Elles avaient mêmes traits, même attitude et, dans l'expression, le même navrement, ce masque de douloureuse résignation si particulier aux visages de vieilles femmes en ce pays. Leurs accoutrements aussi étaient pareils, cape grise et jupe rousse, tablier à large *devantière* venant s'épingler sous les aisselles. Ce me fut une occasion de constater que le costume local a peu varié depuis le seizième siècle. En outre, je saisissais là sur le vif un des procédés — le plus original peut-être — de l'art breton. C'est dans leur entourage immédiat, parmi les gens du peuple, dont ils faisaient partie et au milieu desquels ils travaillaient, que nos imagiers de la bonne époque prenaient leurs modèles. Ainsi s'expliquent le réalisme naïf de la plupart des figures sorties de leurs mains, l'intensité de vie qu'elles respirent, l'empreinte ethnique dont elles sont marquées. C'est également ce qui fait que les têtes de nos saints paraissent moulées sur celles de nos paysans et qu'à voir tel chanteur nomade, debout au seuil d'une chapelle, on se demande si ce n'est point un des apôtres du porche descendu de son piédestal.

La pauvresse s'était levée à mon approche. Elle tenait un plumeau rustique, des ramilles de bouleau nouées d'un lien d'écorce, dont elle se mit à épousseter religieusement les dalles du parquet.

« — Savez-vous » lui dis-je « que sainte Anne et vous avez l'air de deux sœurs. »

« — Je suis comme elle une aïeule, » me répondit-elle, « et, comme moi, Dieu merci ! elle est Bretonne. »

« — Sainte Anne, une Bretonne ? En êtes-vous bien sûre, marraine vénérable ? »

Elle me regarda de son œil de fée, à travers

ses longs cils grisonnants ; et, d'un ton de pitié.

« — Comme on voit bien que vous êtes de la ville !... Les gens de la ville sont des ignorants ; ils nous méprisent, nous autres, gens du dehors, parce que nous ne savons point lire dans leurs livres, mais, eux, que sauraient-ils de leur pays, si nous n'étions là pour les renseigner ?... Eh oui ! sainte Anne était Bretonne... Allez au château de Moëllien, on vous montrera la chambre qu'elle habitait, du temps qu'elle était reine de cette contrée. Car elle fut reine ; elle fut même duchesse, ce qui est un plus beau titre. On la bénissait dans les chaumières, à cause de sa bonté, de son infinie commisération pour les humbles et pour les malheureux. Son mari en revanche passait pour très dur. Il était jaloux de sa femme, ne voulait pas qu'elle eût d'enfants. Lorsqu'il découvrit qu'elle était grosse, il entra dans une grande colère et la chassa comme une mendiante, en pleine nuit, au cœur de l'hiver, à demi nue sous une pluie glacée.

« Errante et plaintive, elle marcha devant elle au hasard. Dans l'anse de Tréfentec, au bas de cette dune, une barque de lumière se balançait doucement, quoique la mer fût agitée; et à l'arrière de la barque se tenait un ange blanc, les ailes éployées en guise de voiles.

« L'ange dit à la sainte :

« — Monte, afin que nous appareillions, car les temps sont proches. »

« — Où prétendez-vous me conduire ? » demanda-t-elle.

« Il répondit :

« — Le vent nous mènera. La volonté de Dieu est dans le vent. »

« Ils voguèrent du côté de la Judée, prirent terre dans le port de Jérusalem. Quelques jours plus tard, Anne accouchait d'une fille que Dieu destinait à être la Vierge. Elle l'éleva pieusement, lui apprit ses lettres dans un livre de cantiques, et fit d'elle une personne sage de corps et d'esprit, digne de servir de mère à Jésus. Sa tâche terminée, comme elle se sentait vieillir, elle implora le ciel, disant :

« — Je me languis de mes Bretons. Qu'avant de mourir je revoie ma paroisse, la grève, si

douce à mes yeux, de la Palude en Plounévez-
Porzay ! »

« Son vœu fut exaucé. La barque de lumière
la revint prendre, avec le même ange à la barre,
seulement il était vêtu de noir, pour signifier à la
sainte son veuvage, le seigneur de Moëllien ayant
trépassé dans l'intervalle.

« Les gens du château, assemblés sur le rivage,
accueillirent leur châtelaine avec de grandes démonstrations de joie, mais elle les congédia sur
le champ.

« — Allez ! » leur enjoignit-elle, « allez, et
distribuez aux pauvres tous mes biens. »

« Elle avait résolu de finir ses jours terrestres
dans la pénitence. Et désormais elle vécut ici, sur
cette dune déserte, en une oraison perpétuelle.
L'éclat de ses yeux rayonnait au loin sur les eaux,
comme une traînée de lune. Aux soirs d'orage,
elle était la sauvegarde des pêcheurs. D'un geste
elle apaisait la mer, faisait rentrer les vagues dans
leur lit ainsi qu'une bande de moutons à l'étable.

« Jésus, son petit-fils, entreprit à cause d'elle le
voyage de Basse-Bretagne. Avant de gravir le

Calvaire, il vint lui demander sa bénédiction, accompagné des disciples Pierre et Jean. La séparation fut cruelle : Anne pleurait des larmes de sang, et Jésus avait beau faire, il ne réussissait point à la consoler. Finalement il lui dit :

« — Songe, grand'mère, à tes Bretons. Parle ! Et, en ton nom, quelque faveur que ce soit, je suis prêt à la leur accorder. »

« La sainte alors essuya ses pleurs.

« — Eh bien ! » prononça-t-elle, « qu'une église me soit consacrée en ce lieu. Et, aussi loin que sa flèche sera visible, aussi loin que s'entendra le son de ses cloches, que toute chair malade guérisse, que toute âme, vivante ou morte, trouve son repos ! »

« — Il en sera selon ton désir, » répondit Jésus. »

« Pour mieux appuyer son dire, il planta dans le sable son bâton de route, et aussitôt des flancs arides de la dune une source jaillit. Elle coule depuis lors, intarissable ; qui boit de son eau, avec dévotion, sent comme une fraîcheur délicieuse qui lui rajeunit le cœur et circule à travers ses membres...

« Un soir, il y eut dans le pays un grand deuil. Le ciel se couvrit d'une brume épaisse ; la mer poussa des sanglots presque humains. Sainte Anne était morte. Les femmes d'alentour vinrent en procession, avec des pièces de toile fine, pour l'ensevelir. Mais on chercha vainement son cadavre : nulle part on n'en trouva trace. Ce fut une véritable consternation. Les anciens murmuraient tristement :

« — Elle est partie pour tout de bon. Elle n'a même pas voulu confier à notre terre sa dépouille. C'est assurément que quelqu'un de nous, sans le savoir, lui aura manqué. »

« Cette pensée les affligeait. Soudain, le bruit courut que des pêcheurs avaient ramené dans leur senne une pierre sculptée. Quand on eut débarrassé la pierre des coquillages et des algues qui l'enveloppaient, chacun reconnut l'image de la sainte. Comme il n'y avait pas en ce temps-là de chapelle à la Palude, on décida de la transporter à l'église du bourg. Elle fut donc placée sur un brancard.

Elle était si légère que quatre enfants suffirent à la monter jusqu'à la fontaine. Mais on ne put jamais la faire aller plus loin. Plus on s'efforçait de la soulever, plus elle devenait pesante. Les anciens dirent :

« — C'est un signe. Il faut lui bâtir ici sa maison. »

« Voilà, mon gentilhomme, la véridique histoire d'Anne de la Palude, en Plounévez-Porzay. La voilà, telle que je l'ai retenue de ma mère qui l'apprit de la sienne, à une époque où les familles se transmettaient pieusement de mémoire en mémoire les choses du passé. »

La bonne vieille, tout en contant, balayait, amassait la poussière par petits tas, la recueillait à mesure dans le creux de son tablier. Après m'avoir parlé de la sainte, elle m'entretint de sa vie, à elle, de sa longue et monotone vie, nue, vide, silencieuse, dépeuplée comme ce sanctuaire où elle achevait de s'écouler péniblement. C'était effrayant, c'était tragique, à force de simplicité. Une joie brève, çà et là, une de ces fleurettes éphémères dont s'étoile au printemps le gazon des dunes.

Quant au reste, des deuils, des glas, et, dominant tout, le bruit de mâchoires que fait dans les galets la mer broyant ses victimes.

« — Je n'ai plus de fils ; mes brus sont mortes ou remariées. Je m'assieds quelquefois aux foyers des autres, mais j'y suis mal à l'aise ; leur flamme ne réchauffe point. Des douaniers compatissants m'ont abandonné une des huttes basses où ils ont coutume de s'abriter, la nuit, lorsqu'ils sont de garde le long de cette côte. J'y couche sur un lit de varechs. Mais je ne me plais qu'ici. Tous les matins, je vais à la ferme prendre la clef. Je remplis les fonctions de sacristine : je sonne les trois angélus ; je reçois les pèlerins et je leur fais les honneurs de la maison ; souvent ils me demandent de réciter pour eux des oraisons spéciales dont je suis à peu près seule à posséder le secret ; je les conduis à la source, je leur verse l'eau dans les manches ou sur la poitrine, suivant le genre de maladie dont ils sont atteints. Dès qu'ils se mettent en route pour venir trouver la sainte, j'en suis avertie par des signes particuliers et surnaturels. Tantôt c'est le bruit d'un pas invisible dans l'église déserte, tantôt un craquement dans les boiseries de l'autel, tantôt enfin, quand il s'agit d'un grand vœu, de légères gouttes de sueur perlant au front de la statue. En général, il n'y a de monde que le mardi, qui est le jour consacré. Le reste de la semaine, la Mère de la Palude n'a devant les yeux que ma pauvre vieille face, aussi délabrée qu'un mur en ruine. Elle me sourit néanmoins, se montre envers moi pitoyable et douce, m'encourage, me sauve des tristesses où sans elle je serais noyée. Je lui tiens compagnie de mon mieux. Je cause avec elle et il me semble qu'elle me répond. Je lui chante les *gwerz* qu'elle aima, son cantique, le plus beau, je pense, qu'il y ait en notre langue. Et puis, je nettoie, j'arrose, je je balaie. Je recueille les poussières, j'en donne aux pèlerins des pincées qui, répandues sur les terres, activeront le travail des semences, préserveront de tout dégât le blé des hommes et le foin des troupeaux. »

Je voulus lui glisser dans la main quelques pièces de monnaie.

« — Le tronc est là-bas, » me dit-elle; « moi,

je ne suis qu'une servante en cette demeure, je n'ai pas qualité pour recevoir les offrandes. »

Je craignis de l'avoir froissée, mais, au premier mot d'excuse, elle m'interrompit, et, comme je prenais congé :

« — Revenez nous voir, mon gentilhomme. Tâchez seulement que ce soit en été, le dernier dimanche d'août. Alors, vous contemplerez sainte Anne dans sa gloire. Nulle fête n'est comparable à celle de la Palude, et celui-là ne sait point ce que c'est qu'un pardon, qui n'a pas assisté, sous la splendeur du soleil béni, aux merveilles sans égales du Pardon de la Mer. »

II

J'ai suivi votre conseil, bonne vieille. Hélas ! je vous ai cherchée en vain dans l'église et sur la crête des falaises où vous aviez, disiez-vous, votre gîte. En vain je me suis adressé aux douaniers de garde : ce n'étaient déjà plus les mêmes qui vous furent si hospitaliers ; ils ne se rappelaient pas vous avoir connue. Sans doute, la barque lumineuse vous sera venue prendre, vous aussi, par quelque soir de pluie glacée. Et vous êtes partie pour la rive idéale, paisiblement, certaine que là-haut une sainte Anne pareille à celle de vos rêves, vous faisait signe et vous attendait.

Elle n'exagérait point, l'humble zélatrice de la Palude, en affirmant que ce pardon est de toutes les solennités bretonnes la plus imposante et la plus belle.

C'était un samedi de la fin d'août, un peu avant le coucher du soleil. Du sommet de la montée de Tréfentec, le paysage sacré nous apparut dans un éclat de lumière rousse. Quel contraste avec la terre de désolation que j'avais entrevue naguère, si pâle, si effacée, enveloppée d'une bruine où elle s'estompait confusément, sorte de contrée-fantôme, image spectrale d'un monde mort ! Tout, à cette heure, y respirait la vie : une fièvre de bruit et d'agitation semblait s'être emparée du désert. Les dunes mêmes exultaient, et l'Océan, dans les lointains, flambait ainsi qu'un immense feu de joie. Plus près de nous, dans le repli de colline où s'épanche le ruisseau de la fontaine miraculeuse, une espèce de ville nomade s'improvisait sous nos yeux. Comme au temps des migrations des peuples pasteurs — le mot est de Jules Breton — des tentes innombrables, de toutes formes et de toutes nuances, s'élevaient, se groupaient, bombaient au vent leurs toiles bises, donnaient l'impression d'un campement de barbares, ou mieux encore, d'un débarquement d'écumeurs de mer. Beaucoup de ces tentes, en effet, s'étayaient sur des rames plantées dans le sol, et elles étaient recouvertes pour la plupart de voilures de bateaux exhibant, en grosses lettres noires, leur matricule et l'initiale de leur quartier.

A l'entour de l'étrange bourgade, les chariots, renversés sur l'arrière, enchevêtraient leurs roues, hérissaient la plaine d'une forêt de brancards, tandis que dans les pâtis voisins les bêtes erraient à l'aventure.

Et sur tout cela planait une clameur, un vaste

bourdonnement humain auquel se mêlait, à intervalles réguliers, en sourdine, le grondement cadencé des flots. Nous fîmes un circuit pour gagner l'église. Une tribu entière de mendiants était couchée à l'ombre des ormes, dans l'enclos. Ils ne nous eurent pas plus tôt aperçus qu'ils se ruèrent sur nous, avec des abois de chiens hurleurs. Jamais encore je n'en avais vu en telle quantité, pas même au pardon de Saint-Jean-du-Doigt où cependant ils fourmillent ; surtout, jamais je n'en avais rencontré d'aussi insolents ! Ils ne demandaient pas l'aumône, ils l'exigeaient.

« — Payez le droit des pauvres ! » criaient-ils.

Et ils nous frôlaient de leurs ulcères, ils nous soufflaient au visage leur haleine nauséabonde, empuantie par l'alcool. Il fallut jeter en l'air plusieurs poignées de sous, pour nous débarrasser d'eux. Comme je m'étonnais que le clergé tolérât aux abords immédiats du sanctuaire cette horde cynique et répugnante, mon compagnon, qui me servait en même temps de cicérone, me répondit :

« — Ils sont ici de fondation. Jadis, ils s'intitulaient les rois de la Palude. Royauté éphémère, d'ailleurs ; car il n'y a que le samedi qui leur appartienne. Arrivés ce matin — nul ne sait d'où — ils s'esquiveront cette nuit. Ils terminent en ce moment leur collecte, et c'est pourquoi ils y mettent tant d'âpreté. »

« — Si pourtant il leur plaisait de rester demain ? »

« — Ils violeraient l'usage, et l'usage en Bretagne est, selon le vieux dicton, plus roi que le roi... Puis, demain, les gendarmes seront là ; nos gueux ont horreur de ces trouble-fête ; la présence d'un tricorne leur est insupportable : ils aiment mieux décamper... Demain, enfin, les routes seront encombrées de voitures ; les infirmes risqueraient d'être mis en pièces : en sorte que la simple prudence s'accorde avec la tradition pour conseiller à la bande un prompt départ. Vous pourrez avant peu juger par vous-même que cet exode des loqueteux à la nuit pleine ne manque pas d'un certain ragoût... »

Nous avions franchi le seuil de l'église.

Combien reposant, cet intérieur, après le tumulte du dehors ! Sur les murs blancs couraient des guirlandes de lierre et de houx. Des ancres symboliques, ornées de branches de sapin, étaient appendues çà et là ; des goëlettes en miniature, chefs-d'œuvre de patience et de délicatesse, se balançaient dans une vapeur d'encens, et, sur son socle, la sainte, habillée à neuf, avait les grâces jeunettes d'une aïeule endimanchée. De temps à autre un pèlerin se levait du milieu de l'assistance prosternée sur les dalles, s'approchait de l'image vénérée et, dévotement, baisait le bas de sa robe. Des mères haussaient leurs enfants à bras tendus jusqu'à la douce figure de pierre. Et l'odeur des cires ardentes imprégnait l'air, et leurs fines fumées bleuâtres montaient, montaient... Peu à peu, la nef se vida. Quelques vieilles en cape de deuil y demeurèrent seules à égrener un interminable rosaire, triste comme une lamentation..... C'était l'heure du souper : la nuit tombait.

.....Une tente basse, profonde, semi auberge, semi dortoir. Des gens ronflent à l'une des extrémités, tandis qu'à l'autre bout on mange, on boit, aux vacillantes lueurs d'une chandelle de suif.

Sur la table, des plats d'étain où nagent des saucisses ; des brocs, des chopines débordantes d'un cidre huileux, quoique très additionné d'eau, que la chaleur a fait tourner en vinaigre ; des réchauds avec de la braise pour allumer les pipes, une grande jarre pour se laver les mains..... Nous sommes chez Marie-Ange, matrone égrillarde, qui n'a d'angélique que le nom. D'ordinaire, elle vend du poisson à Douarnenez, sous les halles, et c'est seulement par occasion, dans les circonstances solennelles, qu'elle fait métier de cabaretière. Croyez qu'elle s'en tire à merveille, vive, preste, l'œil à tout et un mot pour chacun, la jambe alerte, le parler hardi.

La portière de la tente, un pan de toile retenu par une amarre en guise d'embrasse, s'ouvre sur l'église et, plus loin, par une fente des dunes, sur la tranquillité sereine de la mer. Un feu de mottes brûle à quelques pas, en plein vent ; au-dessus bout le café de Marie-Ange, dans un chaudron accroché à un faisceau de branchages. Des vols d'étincelles s'éparpillent, allument dans l'herbe desséchée de petites flammes courtes et rapides.

A droite, une masse sombre, la silhouette d'une roulotte : une fille de bronze, accoudée entre les colonnes torses de la balustrade, regarde devant elle, dans le vague, cependant qu'un personnage difforme cloue au fronton de la voiture cette mirobolante affiche : QUÉHERNO MICHEL, *annonce la bonne aventure. Certain des pronostics. Garantit la guérison des verrues.* La nuit est tiède, pacifique, baignée d'une molle clarté de lune qui semble filtrer par gouttes devers l'orient. On entend respirer les ondes. Un silence impressionnant a succédé à l'animation du jour. Le ciel se recourbe très haut, comme la voûte d'un temple infini, et l'on se prend à baisser la voix, en causant, de peur de manquer de respect à ce je ne sais quoi de divin qui rôde au fond de ce silence majestueux. Or, voici tout à coup qu'un chant s'élève, une lente et rauque rhapsodie, qu'on dirait hurlée à tue-tête par un chœur d'ivrognes :

Enn eskopti a Gerné, war vordik ar môr glaz...(1)

Ce sont les mendiants qui déguerpissent. Cor-

(1) En l'évêché de Cornouailles, sur le bord de la mer bleue...

tège fantastique et macabre. Ils défilent en troupeau, pêle-mêle, célébrant de leurs gosiers avinés la louange de la Palude et les mérites de la Bonne Sainte, vraie grand'mère du Sauveur,

Par qui la rose a fleuri où ne poussait que l'épine.

Plus d'un qui titube chante quand même, comme en rêve. Les femmes emportent dans les bras des nourrissons « sans père », nés des promiscuités de hasard, au long des routes. Les aveugles vont, de leur allure hésitante de somnambules, la face tournée vers le firmament, la main cramponnée à leur bâton fait de la tige d'un jeune plant et semblable à une houlette. Des tronçons d'hommes branlent ainsi que des cloches entre des montants de béquilles. Un *innocent* ferme la marche, un grand corps à la face hébétée, qu'à sa robe grise, dans l'obscurité, on prendrait pour un moine. Sur son passage, les gens se découvrent et se signent, car l'esprit de Dieu habite dans l'âme des simples. Marie-Ange lui offre, en termes gracieux, un verre de cidre, mais il n'a plus soif, au dire de la vieille qui le mène en laisse. Et il disparaît avec les autres, par la pente des dunes, dans le noir. Un pèlerin me chuchote à l'oreille :

« — Sainte Anne a une affection particulière pour cet idiot. Il y a six ans il tomba malade, à des lieues d'ici, du côté de la montagne d'Aré, en sorte qu'il ne put arriver à la Palude pour la fête. Le pardon en fut gâté. Du vendredi matin au lundi soir il plut à verse. La bénédiction du ciel accompagne les innocents. »

Le silence est redevenu profond, sauf, par intervalles, un hennissement, un appel lointain de bête égarée, et toujours, toujours, le bruit de la mer assoupie, calme comme un souffle d'enfant...

Nous avons descendu les sentiers abrupts qui conduisent à la plage. Dans les anfractuosités des roches, des couples étaient assis, jeunes hommes et jeunes filles, — celles-ci, ouvrières en sardines, de l'île Tristan, de Douarnenez, de Tréboul, peut-être même d'Audierne et de Saint-Guennolé, — ceux-là, marins de l'Etat accourus de Brest, en permission, pour embrasser leurs amies, leurs « douces », pour faire avec elles, avant la prochaine campagne, une mélancolique et suprême veillée d'amour. Sainte Anne a l'indulgence des grand'mères. Elle ne se scandalise point de ces rendez-vous nocturnes ; elle les favorise, au contraire, étend sur eux le dais velouté de son ciel piqué d'étoiles, leur prête sa dune moëlleuse, les recoins discrets de ses grottes tapissées d'algues, les enveloppe de mystère, de poésie, de sérénité. Elle sait d'ailleurs l'héréditaire chasteté de cette race et que l'amour, à ses yeux, est une des formes de la religion. Marie-Ange, il est vrai, nous a raconté tantôt l'histoire d'une *Capenn*, d'une fille du Cap-Sizun, « qui attrapa au pardon de la Palude une maladie de trente-six jeudis ». Mais, si l'on cite de tels exemples, c'est que précisément ils sont rares. Les couples que nous avons frôlés se tenaient la main, sans dire mot, absorbés dans une contemplation muette où leurs âmes seules communiquaient. Et leurs pensées paraissaient plutôt graves que folâtres. Ils me remirent en mémoire deux vers d'une chanson de bord entendue naguère au pays de Paimpol :

Ró peuc'h ! ró peuc'h, mestrezik flour !
Me wél ma maro 'bars an dour...

[Tais-toi ! tais-toi, maîtresse exquise ! — Je vois ma mort dans l'eau.]

Sur les fiançailles des marins quelque chose de tragique plane toujours, et les aveux qu'ils échangent avec les jouvencelles sont le plus souvent tristes comme des adieux...

Un coup de sifflet nous avertit que la *Glaneuse* venait de stopper. D'habitude, le petit vapeur côtier franchit la baie en ligne droite, de Morgat à Douarnénez. Mais, à l'occasion du pardon, il fait escale à la Palude. Nous nous trouvâmes une vingtaine de passagers sur le pont. Presque tous étaient des pêcheurs de la baie; les rustiques, aussi bien au retour qu'à l'aller, préfèrent la voie de terre. Un paysan de Ploaré figurait pourtant parmi nous, avec sa femme. Mon compagnon, qui le connaissait, l'interpella :

« — Comment ! vieux Tymeur, vous n'avez pas craint de vous fier au chemin des poissons ?... Est-ce un vœu que vous avez fait, ou bien vos jambes refusaient-elles de vous porter ? »

« — Ce n'est ni l'un ni l'autre, » répondit-il en se rapprochant de nous, heureux d'avoir avec qui causer pendant le trajet. « Nos jambes, Dieu merci ! sont encore solides, et, quant à notre vœu, Renée-Jeanne et moi nous nous en sommes acquittés dans la soirée, dévotement, comme il sied à des chrétiens. »

« — C'est donc alors que vous vous êtes réconciliés avec la mer ?... »

« — Non plus. Je lui en voudrai tant que je vivrai. Elle nous a pris notre fils Yvon, que Dieu ait son âme ? Ces choses là ne se pardonnent point. La mer ! Ni Renée-Jeanne, ni moi, nous ne pouvons la sentir. Une de nos fenêtres donnait dessus : nous l'avons murée. La terre est la vraie mère des hommes ; la mer est leur marâtre. Si j'étais sainte Anne, je la dessécherais toute, en une nuit. »

« — Oui mais, vieux Tymeur, cela ne nous dit pas... »

« — C'est juste. Après tout il n'y a pas de mal à vous conter ça, puisque rien n'arrive sans la permission de Dieu. N'est-ce pas, Renée-Jeanne ? »

Renée-Jeanne, accroupie sur un rouleau de cordages, marmonnait une série d'oraisons bizarres, sans doute des formules de conjuration contre les Esprits malfaisants des eaux. Elle esquissa de la main un geste vague, et le père Tymeur, après s'être assuré que nous étions seuls à l'écouter, commença son récit.

Voilà. L'année précédente, à pareille époque et à pareille heure, ils s'en revenaient tous deux, Renée-Jeanne et lui, vers Ploaré, par la route. Un peu avant Kerlaz, sur la droite, est le sanctuaire de la Clarté où les pèlerins de la Palude ont coutume de faire une station et de réciter une prière, parce que Notre-Dame de la Clarté passe pour être la fille aînée de sainte Anne, comme Notre-Dame de Kerlaz est sa seconde fille. Nos gens allaient franchir l'échalier de l'enclos, quand, à la faveur de la lune, ils aperçurent dans la douve un homme assis sur une espèce de boîte longue aux ais disjoints, et qui paraissait à bout de forces, car la sueur pleuvait de son front dégarni entre ses doigts extraordinairement maigres.

Tymeur l'abordant lui dit avec compassion :

« — Vous avez l'air exténué, mon pauvre parrain. »

« — Oui, le fardeau que j'ai à porter est bien lourd... Y a-t-il encore loin jusqu'à la Palude ? » demanda le malheureux d'une voix triste.

« — Trois quarts de lieue environ. Nous sommes, ma femme et moi, tout disposés à vous aider, si nous pouvons quelque chose pour votre soulagement... »

« — Certes, vous pouvez beaucoup. »

« — Parlez. »

« — Ce serait de faire dire une messe à l'église de votre paroisse pour le repos d'une âme en peine, d'un *anaon*... En échange, » continua le trépassé — c'en était un — « je vous donnerai un avis salutaire... Si jamais vous acceptez d'accomplir un pèlerinage au nom d'un de vos amis, tenez fidèlement votre promesse de votre vivant, sinon il vous en cuira comme à moi après votre mort. Je m'étais engagé à aller à la Palude pour celui qui est ici, sous moi, dans cette châsse. Mais, la vie est courte et il y faut penser à la fois à trop de choses. J'omis la plus importante. J'en suis bien puni. Depuis je ne sais combien de temps que je m'achemine vers sainte Anne, je n'avance chaque année que d'une longueur de cercueil. Et si vous sentiez comme cela pèse lourd, le cadavre d'un ami trompé !... En faisant dire pour moi la messe que je vous demande, vous abrégerez ma route d'un grand tiers. » [1]

Sur ces mots, il disparut. Tymeur et sa femme, agenouillés sous le porche, y restèrent en prière jusqu'au petit matin, se bouchant les oreilles pour n'entendre point ahanner le mort sous son faix d'ossements et de planches pourries.

Le vieux concluait :

« — On ne s'expose pas deux fois à de semblables rencontres. N'est-ce pas, Renée-Jeanne ? »

Renée-Jeanne avait ramené sur son visage sa cape de laine blanche bordée d'un large galon de velours noir, et tournait obstinément le dos à la mer... Elle était cependant délicieuse à voir, la

---

[1] M. Le Carguet, le folkloriste du Cap-Sizun, m'a communiqué une légende analogue à celle-ci et qui avait trait également au pardon de la Palude.

mer, en cette admirable nuit d'août, tiède et toute parfumée d'un arôme étrange, comme si les voluptueuses fleurs des jardins de Ker-Is, éveillées tout à coup de leur enchantement, se fussent venues épanouir à la surface des eaux. Elle gisait là, presque sous nos pieds, la féerique cité de la légende. Par instants, au creux des houles, on eût dit que son image allait transparaître ; on croyait entendre des voix, des bruits, et les phosphorescences qui brûlaient à la crête des vagues semblaient l'illumination d'une ville en fête. Nous rasions de hauts promontoires, de longs squelettes de pierre aux figures énigmatiques, attentifs depuis des siècles à quelque spectacle sous-marin visible pour eux seuls. Le ciel, au-dessus de nos têtes, était comme un autre océan où, parmi le scintillement des étoiles, un croissant de lune flottait...

III

Le lendemain, dimanche, se leva l'aube du « grand jour ».

Je revois Douarnenez émigrant en masse vers la Palude. Toutes les voitures de la contrée ont été mises en réquisition et sont prises d'assaut. Entre les sièges combles on intercale des tabourets empruntés à l'auberge voisine. Le conducteur se plante à l'avant, debout, un pied sur chaque brancard ; les châles multicolores des filles assises à l'arrière balaient le pavé de leurs franges. Et les chars-à-bancs s'ébranlent, lourdement, au petit trot d'un bidet de Cornouailles, très philosophe et qui ne s'étonne plus. Les hommes font les beaux dans leurs vareuses neuves, le béret rabattu sur les yeux ; ils gesticulent, ils crient, par besoin, par plaisir, pour se prouver à eux-mêmes qu'ils sont ailleurs que dans les barques, où le moindre mouvement, sous peine de mort, doit être calculé, mesuré, précis, et aussi pour se « déhanter l'âme », comme ils disent, des vastes silences de la mer plus troublants peut-être que ses colères. A leurs muscles, à leurs nerfs violemment comprimés il faut de ces brusques détentes. Le pardon de sainte Anne est une des soupapes par où se fait jour, chez ces êtres rudes, le trop plein des sentiments refoulés. J'ai entendu des gens graves et officiels leur reprocher l'espèce de fougue brutale avec laquelle ils se ruent au divertissement. Ils s'y précipitent, en effet, tête baissée, joyeux, insouciants, prodigues, quitte à pâtir ensuite pendant des semaines et des mois. En matière d'économie domestique, ils en sont encore à la période sauvage. Qu'un autre les blâme. Pour moi, qui les ai vus à l'œuvre, sur les lieux de pêche, dans les sinistres nuits du large, je songe surtout à la vie de damnés qu'ils mènent, en proie à un labeur dont l'ingratitude n'a d'égale que leur patience, et je serais plutôt tenté, je l'avoue, de les trouver trop rares et trop courtes, ces quelques trêves de Dieu qui les arrachent à leur enfer...

Toute l'animation du port a reflué vers la haute ville. Les quais sont déserts. Les barques, tirées à sec sur le sable de la marine, reposent, flanc contre flanc, en des attitudes abandonnées, heureuses elles aussi de ce répit de vingt-quatre heures. Elles sont si lasses, et c'est si bon, même pour des barques, d'avoir un jour à rêvasser en paix ! Les filets prennent le soleil, appendus aux mâts. Et la baie s'étale, vide, à perte de vue, dominée seulement vers le nord par les blancs éboulis de Morgat et par les aiguilles de pierre du Cap de la Chèvre.

J'ai voulu faire, ce matin, le trajet de la Palude par le chemin des piétons. La file des pèlerins s'engage dans les bois de Plomarc'h. Des étangs mystérieux dorment sous les hêtres. Ici, la fille de Gralon, Ahès, qu'on appelait encore Dahut, venait autrefois avec ses compagnes, les blondes vierges de Ker-Is, laver son linge royal : l'eau des fontaines a, dit-on, retenu son image, et les mousses, la fine odeur de ses cheveux. A travers le réseau des branches, la mer luit. Elle ne nous quittera guère, au cours du voyage, toujours adorable et jamais la même, déployant devant le regard, avec une sorte de coquetterie, les prestiges sans nombre, la souplesse infinie de son éternelle séduction. C'est sa fête — ne l'oublions pas — c'est sa fête aussi bien que celle de sainte Anne que les Bretons du littoral cornouaillais célèbrent aujourd'hui. Aux âges très anciens, alors que la grand'mère de Jésus n'était pas née, elle était en ces parages l'idole unique. Elle n'avait point de sanctuaire dans les dunes ; les cérémonies de son culte s'accomplissaient à ciel ouvert. Mais le peuple y accourait en foule, comme à présent, et, comme à présent, l'époque choisie était le mois de la saison ardente, parce qu'en cette saison la déesse se révélait dans le pur éclat de sa beauté, découvrait aux yeux ravis son beau corps fluide, sa chair transparente et nacrée, toute frissonnante sous les caresses de la lumière. Les dévots, rassemblés sur les hauteurs, tendaient les bras vers elle, entonnaient des hymnes à sa louange, s'abîmaient dans la contemplation de ses charmes. Ahès ou Dahut était sans doute un des noms par lesquels ils l'invoquaient. Quelle vertu d'incantation était attachée à ce vocable, nous ne le saurons probablement jamais.

Le mythe du moins a survécu. Et son sens primitif se retrouve aisément sous les retouches plus récentes que le christianisme lui a fait subir. Ahès a la démarche onduleuse, la chevelure longue et flottante, tantôt couleur du soleil, tantôt couleur de la lune, les yeux changeants et fascinateurs. Elle habite un palais immense dont les vitraux resplendissent ainsi que de gigantesques émeraudes. Elle a des passions tumultueuses, une rage inassouvie d'amour. Sa préférence va aux hommes du peuple, aux gars solides et frustes. Un pêcheur passe, ses filets sur l'épaule : de la fenêtre de sa chambre, elle lui fait signe de monter. Plusieurs fois par nuit, elle change d'amants ; elle danse devant eux toute nue, les enlace et les endort, en chantant, d'un sommeil dont ils ne se réveilleront plus. Car ses baisers sont mortels. Les lèvres où les siennes se sont appliquées demeurent béantes à jamais. C'est une dévoreuse d'âmes. Un de ses caprices suffit à causer des catastrophes épouvantables, efface en un clin d'œil une ville entière de la carte du monde. On l'adore et on la hait. Elle est irrésistible et fatale. Qui ne reconnaîtrait en elle la personnification vivante de la mer ?

... Sur la plage du Ris, les pèlerins se déchaussent. C'est le moment du reflux. Les sables, d'une blancheur éblouissante, étincellent, pailletés de mica. On a près d'une lieue de grèves à longer. C'est plaisir d'appuyer le pied sur ce sol égal, d'un grain si subtil, et qui a le poli, la fraîcheur d'un pavé de marbre. Des sources invisibles jaillissent sous la pression des pas. La grande ombre déchiquetée des falaises garantit les fronts des ardeurs du soleil ; et il sort des cavernes creusées par les flots dans les soubassements de la paroi de schiste un souffle d'humidité qui vous évente au passage. Des vols de mouettes et de goëlands se balancent dans l'air immobile, avec des flammes roses au bout de leurs ailes éployées...

Une anse, un pré, des landes rousses, presque à pic. Nous avons repris le sentier de terre, mais à travers un pays morne, sous un ciel accablant. Nul abri. Pas un arbre. A peine, dans une combe imprévue, un bouquet de saules rachitiques au-dessus d'une fontaine desséchée. Puis, des roches monstrueuses surplombant l'abîme. Le raidillon s'accroche à leur flanc ou rampe dans leurs interstices. En bas, la mer traîtresse guette le passant.

« — Monsieur ! Monsieur ! » crie derrière moi, en breton, une voix haletante, une voix de femme.

Celle qui m'interpelle de la sorte est une « îlienne » de Sein, apparemment une veuve, à en juger par sa coiffe noire et par la rigidité sévère du reste de son accoutrement..

« — Pardonnez-moi, Monsieur, si je vous ai prié de m'attendre pour franchir cet endroit. Seule, je n'en aurais point le courage. »

« — Le plus sûr, pour vous, si vous craignez le vertige, est de faire un crochet. »

« — Impossible. *Mon vœu est par ici.* »

Ce sentier dangereux lui est sacré. On va voir pourquoi. Je transcris ses propres paroles.

Il y a vingt ans, elle s'acheminait vers la Palude en compagnie de son fiancé. Leurs noces étaient fixées à la semaine d'après. Ils allaient, elle, demander à la sainte de bénir leur union ; lui, la remercier de lui avoir sauvé la vie, l'hiver précédent, où il avait été toute une nuit en perdition dans le Raz.

Ils devisaient justement des angoisses qu'ils

avaient endurées l'un et l'autre pendant cette nuit terrible.

« — Oui », disait le jeune homme, « il s'en est fallu de peu qu'au lieu de t'épouser je n'épousasse la mer..... Est-elle assez jolie à cette heure, la gueuse ! » ajouta-t-il, en se penchant sur l'eau qui ondulait doucement, claire et profonde, au pied du roc.

Mais il n'avait pas fini de parler qu'il se rejetait vivement en arrière. Il était livide. Il cria :

« — Malheur ! Une lame sourde ! »

Une espèce de beuglement monta du gouffre ; une masse liquide, une forme échevelée de bête, bondit...

Quand l'îlienne qui s'était évanouie rouvrit les yeux, un groupe de pèlerines faisaient cercle autour d'elle, agenouillées et en prières, ne doutant point qu'elle ne fût morte.

« — Et Kaour.(1) ? » interrogea-t-elle, dès qu'elle eût recouvré ses sens ; « où est Kaour ? »

Personne ne put lui donner des nouvelles de son fiancé. La mer avait une mine innocente

(1) Diminutif de Corentin.

et calme, comme si rien ne s'était passé. On eut beau chercher le cadavre, on ne le retrouva jamais.

Depuis lors, la pauvre fille se rend chaque année au pardon de la Palude, et toujours par le chemin qu'ils suivaient ensemble si gaîment ce jour-là. Mais, parvenue au lieu du sinistre, ses forces défaillent. Elle a peur de s'entendre appeler par la voix de Kaour, et, d'autre part, elle tient à lui montrer qu'elle est restée obstinément fidèle à sa mémoire.

« — Je suis sa veuve », dit-elle, « puisque nos bans ont été publiés ; et, à l'île, c'est un sacrilège de se marier deux fois. »

Tout en causant de ces choses tristes, nous dévalons vers la grève de Tréfentec. Avant d'arriver aux premières dunes de Sainte-Anne, nous avons encore une étendue torride à traverser. La chaleur est accablante et j'ai très soif. L'îlienne aussi boirait volontiers. Soudain, elle avise une gabarre couchée dans les sables. Y courir, enjamber le plat-bord est pour elle l'affaire d'un instant, et la voici qui me hèle, debout, une bonbonne de terre entre les mains. Tandis que je me désaltère, elle prononce d'un ton quasi joyeux :

« — Service pour service, n'est-ce pas ? Nous sommes quittes. »

Et, comme je la complimente sur son flair :

« — Je n'ai eu qu'à me souvenir du proverbe. Un marin, vous le savez, ne s'embarque pas sans eau. »

Jamais breuvage ne m'a semblé plus délicieux. Quand les pèlerins de l'équipage remettront à la voile, ce soir, ils seront probablement quelque peu surpris de trouver la bonbonne à moitié vide, mais, pour parler comme ma complice, ils n'auront que trop lampé dans l'intervalle.

Le fait est que les tentes de La Palude regorgent de buveurs. Les femmes elles-mêmes s'attablent pour déguster le *champagne breton*, de la limonade gazeuse saturée d'alcool. Le cirque des dunes présente l'aspect d'une foire immense, d'une de ces foires du moyen-âge où se mêlaient tous les costumes et tous les jargons. La fumée des feux de bivouac tournoie lentement dans l'air épaissi. La poussière flotte par grands nuages aux teintes de cuivre. On dirait que les baraques de toile oscillent sur le vaste roulis humain. Dans cette mer de bruits et de couleurs, où les boniments des saltimbanques font chorus avec les troupes en haillons des chanteurs d'hymnes, au milieu du tapage, de la bousculade, de la grosse joie populaire exaltée et débordante, un îlot de silence, tout à coup, un coin de solitude : la fontaine. Un parapet la protège et un dallage de granit l'entoure. Au centre s'élève la statue de la sainte. Des vieilles du voisinage se tiennent sur le perron, avec des écuelles et des cruches pour aider les dévots dans leurs ablutions.

Une femme de Penmarc'h ou de Loctudy, une *Bigoudenn*, gravit les marches d'un pas chancelant. Elle a la figure terreuse d'une momie, dans son bonnet de forme étroite brodé d'arabesques de perles et que surmonte une mitre ; ses lourdes jupes, étagées sur trois rangs, font trébucher ses jambes exténuées de malade, et l'on tremble de la voir s'affaisser subitement entre les bras des deux jeunes hommes — ses fils — qui l'escortent, raides et muets.

Les officieuses vieilles s'empressent autour d'elle, lui offrent leurs services avec des chuchotements de compassion, s'enquièrent obligeamment de la nature de son mal. Elle, cependant, s'est laissée choir, à bout de forces, sur le banc de pierre accoté au piédestal de la statue, et, de ses doigts amaigris, elle se met à dégrafer une à une les pièces de son vêtement, d'abord le corsage soutaché de velours, puis la camisole de laine brune, enfin la chemise de chanvre, découvrant à nu sa poitrine où s'étale, striée de brins de charpie, la plaie hideuse d'un cancer.

Les deux jeunes hommes la regardent faire, le chapeau dans les mains, comme à l'église. Et j'entends l'un d'eux, l'aîné, qui explique aux vieilles :

« — Nous avons été avec elle dans tous les lieux renommés aux environs de notre paroisse, à saint Nonna de Penmarc'h, à sainte Tunvé de Kerity, à saint Trémeur de Plobannalec. Nous l'avons ramenée chaque fois plus souffrante.

Alors, on nous a dit que sainte Anne seule avait assez de vertu pour la guérir, et nous sommes venus. »

Les vieilles de se récrier.

« — Quel dommage que vous n'y ayez pas songé plus tôt !..... Il n'y a que sainte Anne, voyez-vous, il n'y a que sainte Anne ! Chacun sait cela. Il faut être, comme vous, de la race des brûleurs de goëmon pour l'ignorer. »

Tout en morigénant les fils, elles s'occupent de la mère, accomplissent en son nom les rites prescrits. Celle-ci lui barbouille d'eau le visage; celle-là lui en verse dans les manches, le long des bras; une troisième lui prend dans la poche son mouchoir, le va tremper dans la fontaine et le lui applique ainsi imbibé sur la partie atteinte; les autres se traînent à genoux par les dalles boueuses, invoquant la patronne de la Palude, « aïeule de miséricorde, mère des mères, source de santé, rose des dunes, espérance du peuple breton.»

Prières improvisées, d'un charme très doux et très apaisant.

La malade s'efforce d'en répéter les termes, la nuque renversée, les yeux levés vers l'image de la sainte, dans une attitude vraiment sculpturale de douleur et de supplication.

C'est une remarque vingt fois faite. Morceaux de paysages, groupes de gens, tout en Bretagne s'organise en tableau, spontanément, par une sorte d'instinct secret. L'artiste n'a qu'à transposer, presque sans retouche.

Sous ce rapport, la procession de la Palude est une merveille. Il n'y a pas d'autre mot pour la caractériser. Impossible de concevoir quelque chose de plus complet, une vision d'art plus intense, plus harmonieuse et plus variée.

Un ciel qui poudroie, une brume d'or, comme dans certaines peintures des Primitifs... L'église en clair avec des tons lilas, aérienne, vibrante, toutes ses cloches en branle tourbillonnant, pour ainsi dire, au-dessus d'elle... Çà et là, des verts pâlis, effacés, le gris des tentes, la rousseur des falaises et, par derrière, la vasque splendide de la Baie, ses grands azurs calmes, la frise ouvragée de ses promontoires, le souple et changeant feston de ses vagues ourlé d'une écume de soleil.

Voilà pour l'ensemble du décor.

Sur ce fond admirable, se développe un cortège de féerie, une longue, une noble suite de figures graves, historiées, hiératiques, échappées, semble-t-il, des enluminures d'un vitrail. C'est comme un défilé d'idoles vivantes, surchargées d'ornements lourds et d'éclatantes broderies. Les costumes sont d'une richesse, d'une somptuosité qu'on ne rencontre plus ailleurs, sauf peut-être chez les Croates, en Ukraine et dans quelques pays d'Orient. Chaque famille conserve précieusement le sien, dans une armoire spéciale qui ne s'ouvre qu'une fois l'an, pour le « dimanche de sainte Anne ». On le fait endosser ce jour-là, avec mille recommandations minutieuses, soit à la fille aînée, soit à la bru. Toute la maison est présente à la cérémonie de la toilette. L'aïeule, dépositaire des antiques traditions, prodigue les conseils, corrige une draperie, redresse le port de la néophyte, lui enseigne la démarche qui convient, le pas solennel et, en quelque sorte, sacerdotal.

Le spectacle de ces femmes aux parures magnifiques, s'avançant de leur allure majestueuse, en ce cadre éblouissant, parmi le chant des litanies et le son voilé des tambours, est assurément une des plus belles choses qui se puissent voir et le souvenir qu'il vous laisse est de ceux qui ne s'effacent jamais. Vous diriez d'une fresque immense où se déroulerait, en une pompe d'une mysticité barbare, un chœur de prêtresses du vieil Océan.

Longtemps après on en reste hanté comme d'une hallucination des anciens âges... Mais voici qui nous ramène à l'éternelle et angoissante réalité.

Vieilles ou jeunes, sveltes ou courbées, les « veuves de la mer » débouchent du porche. L'œil se fatiguerait à les vouloir dénombrer : elles sont trop. Elles ont soufflé leurs cierges, pour marquer qu'ainsi s'est éteinte la vie des hommes qu'elles chérissaient. La physionomie, chez la plupart, est empreinte d'une placide résignation. Les plus affligées dissimulent leurs larmes sous la cape grise aux plis flasques et tombants.

Elles passent discrètes, les mains jointes, — immédiatement suivies par les « sauvés ».

Le rapprochement n'est point aussi ironique qu'il en a l'air. De ces « sauvés » d'aujourd'hui combien n'en pleurera-t-on pas au pardon prochain comme « perdus » ! Par un sentiment d'une touchante délicatesse, ils ont revêtu pour la circonstance les effets qu'ils portaient le jour du naufrage, au moment où la sainte leur vint en aide et conjura en leur faveur le péril des flots. Ils sont là dans leur harnais de travail, de lutte sans merci, le pantalon de toile retroussé sur le caleçon de laine, la vareuse de gros drap bleu usée, trouée, mangée par les embruns, maculée de taches de goudron, le *ciré* couleur de safran jeté en travers sur les épaules. Jadis, pour ajouter encore à l'illusion, ils poussaient le scrupule jusqu'à prendre un bain, tout habillés, au pied des dunes, et assistaient à la « procession des vœux », le corps ruisselant d'eau de mer.

Dans leurs rangs figure un équipage au complet. Le mousse marche en tête. A son cou pend une espèce d'écriteau à moitié pourri, la plaque de l'embarcation, seule épave qu'ait revomi la tourmente.

Tous ces hommes chantent à haute voix. Leur allégresse néanmoins, surexcitée chez plus d'un par les libations de la matinée, demeure sérieuse, presque triste.

« — Que voulez-vous ? m'a dit l'un d'eux; sainte Anne bénie fait pour nous ce qu'elle peut et nous l'en remercions de toute notre âme. Mais, tandis que nous clamons vers elle notre action de grâces, nous entendons là-bas *l'autre* qui rit... Et, vous savez, quand celle-là vous a lâché une fois, deux fois, gare à la troisième ! On ne triche pas impunément la mer... »

..... Le soir descend. Les croix, les bannières viennent de rentrer à l'église. Aussitôt la dispersion commence. Les chariots s'alignent, s'ébranlent, partent au grand trot de leurs attelages reposés. Le torrent des piétons s'écoule par toutes les issues. Le regard suit longtemps ces minces files sinueuses et bariolées qui serpentent à travers champs et peu à peu s'égrènent pour enfin disparaître derrière les lointains assombris.

Les voilures qui recouvraient les tentes gisent à terre. Marie-Ange, affairée, me crie :

« — On lève l'ancre ! On cargue ! »

Sur la plaine dévastée retombe, avec la nuit, le manteau de la solitude. Les roulottes des saltimbanques et des forains y dressent encore leurs silhouettes d'arches errantes : demain, elles auront fui à leur tour. Et la Palude, sous les premiers brouillards d'automne, va redevenir le funèbre paysage que j'entrevis naguère, peuplé seulement d'un sanctuaire abandonné et d'une ferme en ruine, en face de la mer hostile, aussi farouche, aussi indomptée que jamais.

TABLE DES MATIÈRES

—

Avant-propos. I

   I. Saint-Yves.
      Le Pardon des Pauvres I

  II. Rumengol.
      Le Pardon des Chanteurs. 83

 III. La Troménie de saint Ronan.
      Le Pardon de la Montagne. 195

 IV. Sainte Anne de la Palude.
      Le Pardon de la Mer 273

IMP. LEMERCIER & ALLIOT — NIORT

DU MÊME AUTEUR

TRYPHINA KERANGLAZ
POÊME
Caillière, éditeur, Rennes.

SONIOU BREIZ-IZEL

(Chansons populaires de la Basse-Bretagne) en collaboration avec M. Luzel.

Ouvrage couronné par l'Académie Française

Prix THÉROUANNE. — Bouillon, éditeur, Paris.

LA CHANSON DE LA BRETAGNE
POÉSIES

Ouvrage couronné par l'Académie Française.

Prix ARCHON-DESPÉROUSES. — Caillière, éditeur, Rennes.

LA LÉGENDE DE LA MORT
EN BASSE-BRETAGNE

Croyances, traditions et usages des Bretons armoricains. — Champion, éditeur, Paris.

IMP. LEMERCIER ET ALLIOT, NIORT

www.ingramcontent.com/pod-product-compliance
Lightning Source LLC
Chambersburg PA
CBHW060327170426
43202CB00014B/2692